国际贸易理论与实务训练册编委会名单

主　编：彭月嫦

副主编：陈向华

参　编：李国庆　黎　文　朱蔚兰　陈　玫

国际商务专业“理实一体化”系列教材

国际贸易理论与实务

GUOJI MAOYI LILUN YU SHIWU XUNLIANCE

主编 ◎ 彭月嫦 副主编 ◎ 陈向华

训练册

暨南大学出版社
JINAN UNIVERSITY PRESS

中国·广州

图书在版编目（CIP）数据

国际贸易理论与实务训练册/彭月嫦主编；陈向华副主编. —广州：暨南大学出版社，2015.7（2020.9 重印）
（国际商务专业“理实一体化”系列教材）
ISBN 978 - 7 - 5668 - 1404 - 3

Ⅰ. ①国… Ⅱ. ①彭…②陈… Ⅲ. ①国际贸易理论—中等专业学校—习题集②国际贸易—贸易实务—中等专业学校—习题集 Ⅳ. ①F740 - 44

中国版本图书馆 CIP 数据核字(2015)第 077586 号

国际贸易理论与实务训练册
GUOJI MAOYI LILUN YU SHIWU XUNLIANCE
主　编：彭月嫦　副主编：陈向华

出 版 人： 张晋升
责任编辑： 黄文科
责任校对： 刘舜怡
责任印制： 汤慧君　周一丹

出版发行： 暨南大学出版社（510630）
电　　话： 总编室（8620）85221601
营销部（8620）85225284　85228291　85228292　85226712
传　　真：（8620）85221583（办公室）　85223774（营销部）
网　　址： http：//www. jnupress. com
排　　版： 广州市天河星辰文化发展部照排中心
印　　刷： 深圳市新联美术印刷有限公司
开　　本： 787mm×1092mm　1/16
印　　张： 8. 75
字　　数： 210 千
版　　次： 2015 年 7 月第 1 版
印　　次： 2020 年 9 月第 3 次
印　　数： 3001—4000 册
定　　价： 25. 00 元

前　言

本书是《国际贸易理论与实务》教材的配套用书，是学生深入学习国际贸易理论知识，将所学专业知识融会贯通，从而进行国际贸易业务实训和技能操作必备的指导书。训练册的章节编排与教材一致，主要的题型有：填空题、单项选择题、多项选择题、判断题、简答题、案例分析题、计算题、操作题、名词解释题、技能实训题，并附有参考答案。本书的主要特点有：

1. 题量多，覆盖面广。本书在《国际贸易理论与实务》教材已含部分实训操练题的基础上，进一步挖掘教材未涵盖的知识点和训练点，利用选择、判断、案例分析等不同题型，细化知识点训练的分布，有利于学生全面系统地掌握《国际贸易理论与实务》课程教学的重点和难点，为学生有效地将知识点运用到国际贸易的业务实训和操作环节打下基础。

2. 可优化"理实一体化"教学环节。《国际贸易理论与实务》是比较典型的"理实一体化"课程，其教材也以"理实一体化"的特点来定位。《国际贸易理论与实务》教材的编写以国际贸易实务运作流程为主线，用大量翔实的示例及模拟训练，让学生在仿真的业务环境中，全面、系统、规范地学习、掌握国际贸易的业务流程及操作方式。在教材的使用过程中，为便于学生熟练掌握业务知识，反复操练专业操作技巧，让学生"在做中学，在学中做"，全程构建素质和技能培养框架，丰富课堂教学和实践教学环节，提高教学质量，则需要师生把与教材配套使用的训练册作为辅助，从而完成"理实一体化"教学环节，实现教学目标。

3. 便于学生拓展性学习。《国际贸易理论与实务》课程在整个教学环节中，注重学生动手能力和专业技能的培养，理中有实，实中有理，理论和实践交替，直观和抽象交错。要圆满完成教学任务，须动用"兴趣"这一学生学习最好的老师。本书旨在用各种题型和案例演绎教学知识和训练点，激发学生的学习兴趣，引导学生主动参与并自主地围绕课程内容开展个性化学习。

本书可作为中高职国际商务专业、大中专院校经贸专业及相关专业学生的辅助教材，也可作为外经贸工作者考证的考前训练用书。

本书第一模块由陈玫编写，第二模块由彭月嫦编写，第三和第四模块由李国庆编写，第五模块由朱蔚兰编写，第六和第八模块由黎文编写，第七和第九模块由陈向华编写，彭月嫦负责统审及定稿。

本书在编写过程中，查阅及参考了大量的材料，并大量引用了外贸企业提供的素材，在此谨向编者及提供素材的外贸企业表示衷心的感谢！由于水平有限，错误之处敬请批评指正！

编　者
2015 年 3 月

前言

目　录

第一部分

练习题

模块一　国际贸易实务预备知识

【技能训练目标】

1. 知识目标

（1）熟悉国际贸易基本理论

（2）熟悉国际贸易基本知识

（3）了解国际贸易的基本技能

2. 技能目标

（1）熟悉国际贸易的基本概念

（2）熟悉国际分工的概念、分类，学会分析影响国际分工发展的因素

（3）熟悉区域经济一体化的概念、形式，学会辨别世界主要的区域经济一体化组织

（4）熟悉关税措施的概念，熟练分析各种关税措施的不同及其运用

（5）熟悉非关税措施的概念，熟练分析各种非关税措施的不同及其运用

（6）熟悉鼓励出口的措施，学会分析各种鼓励出口的措施及其运用

【技能训练重难点】

1. 学会区别世界主要的区域经济一体化组织

2. 学会关税的计算方法

【技能训练内容】

一、填空题

1. 一般情况下，进口关税的完税价格取____________价。

2. 按货物的形态划分，国际贸易可以分为____________贸易和____________贸易。

3. 贸易额也称为贸易值，是用________________表示的一国在一定时期内的进出口规模，由进口总额和出口总额构成。

4. ______________________是指一国进出口总额与其国内生产总值之比。

5. 国际分工是国际贸易和各国（地区）经济联系的____________。

6. 绝对成本理论的创始人是英国古典经济学家___________________，其代表作是《______________》。

7. ______________________是指有一定地缘关系的两个或两个以上的国家（地区），为了维护共同的经济和政治利益，通过签订某种条约或协定，建立共同机构，组成经济乃至政治联盟。

8. 区域经济一体化的最高形式是 ______________________。

9. 北美自由贸易区由美国、______________和墨西哥三国组成。

10. 一般货物的报关程序包括四个环节：申报、____________、____________、放行。

11. 在经济全球化的大背景下，世界各国越来越多地把__________________作为贸易的保护措施。

12. 在我国，除了煤炭、原油、化肥、铁合金等“________________”产品外，出口商品一般不征收出口关税。

13. 出口补贴可以分为三种形式：________________补贴、________________补贴和________________补贴。

14. ________________指一国（地区）的生产商以低于商品正常价值的价格将商品抛售到另一国（地区）市场的行为。

15. 贸易的商品结构是指各类商品在 ___________________中所占的比重。

二、单项选择题

1. 关税是一种(　　)。

A. 直接税　B. 间接税　C. 有偿税　D. 视具体情况而定

2. 一定时期内，出口额大于进口额，即为(　　)。

A. 出超　B. 入超　C. 贸易平衡　D. 以上都不对

3. 关税的税收主体是(　　)。

A. 进出口商　B. 进出口货物　C. 出口国海关　D. 进口国海关

4. 经济一体化程度最低、组织最松散的一种形式是(　　)。

A. 关税同盟　B. 经济同盟　C. 自由贸易区　D. 优惠贸易安排

5. 我国某公司将一批货物卖给新加坡某贸易公司，该新加坡贸易公司又将这批货物转卖给美国某公司，这个贸易现象对新加坡而言称为(　　)。

A. 间接进口　B. 间接出口　C. 转口贸易　D. 易货贸易

6. 20 世纪 70 年代的欧洲共同体，体现了区域经济一体化的(　　)形式。

A. 关税同盟　B. 共同市场　C. 经济同盟　D. 完全经济一体化

7. 在商品价格上涨的情况下，按下述哪种方式征收关税可以加强关税的保护作

用？（　　）

A. 从量税　　B. 从价税　　C. 混合税　　D. 差价税

8. 2007—2011 年我国对外贸易总额占国内生产总值的比例基本保持在 50% 左右，说明我国经济的发展对对外贸易的依存度（　　）。

A. 非常低　　B. 比较低　　C. 适中　　D. 非常高

9. 经济发展水平相差较大的经济体之间的分工称为（　　）。

A. 垂直型国际分工　　B. 水平型国际分工

C. 混合型国际分工　　D. 产业内部国际分工

10. 一国从别国输入货物、知识和服务的贸易行为称为（　　）。

A. 进口贸易　　B. 出口贸易　　C. 过境贸易　　D. 有形贸易

11. 手续简便、税负不合理、不能随价格变动作出调整、难以普遍采用，这是（　　）的特点。

A. 选择税　　B. 混合税　　C. 从价税　　D. 从量税

12. （　　）不需要经过海关办理进出口手续，也不显示在海关的贸易统计中，但它是一国国际收支的主要组成部分。

A. 进口贸易　　B. 出口贸易　　C. 无形贸易　　D. 有形贸易

13. 针对政府行为进行征税的是（　　）。

A. 反补贴税　　B. 反倾销税　　C. 进口附加税　　D. 差价税

14. 以下税率中，最高的是（　　）。

A. 普惠制税率　　B. 特惠税率　　C. 最惠国税率　　D. 普通税率

15. 对进口商品除一律征收一般关税外，再加征 15% 的进口关税，这种加征的额外关税称为（　　）。

A. 特惠税　　B. 进口附加税　　C. 普通税　　D. 最惠国税

16. 非关税壁垒比关税壁垒更具有（　　）。

A. 间接性　　B. 强制性　　C. 隐蔽性　　D. 普遍性

17. 卖方信贷中出口方银行提供贷款的对象是（　　）。

A. 进口方的结算银行　　B. 外国的进口商

C. 出口方的结算银行　　D. 本国的出口商

18. 如果要较为准确地比较一国不同时期的对外贸易实际规模，适合采用的指标是（　　）。

A. 对外贸易依存度　　B. 对外贸易额

C. 对外贸易量　　D. 对外贸易差额

19. 据海关统计，2011 年 1 月至 2 月，A 国一般贸易进口 1 400 亿美元，出现贸易逆差 280 亿美元，请问 2011 年 1 月至 2 月 A 国一般贸易出口为（　　）亿美元。

A. 1 680　　B. 840　　C. 1 120　　D. 560

20. 新贸易保护主义的特征是（　　）。

A. 非关税壁垒为主，关税壁垒为辅　B. 关税壁垒为主，非关税壁垒为辅

C. 全面实行关税壁垒　　D. 全面实行非关税壁垒

三、多项选择题

1. 国际分工对国际贸易的影响表现在(　　　　)。
A. 国际分工影响国际贸易的发展速度
B. 国际分工影响国际贸易的地理方向
C. 国际分工影响国际贸易的商品结构
D. 国际分工影响各个国家对外贸易政策的制定

2. 下列各种贸易限制措施中，属于非关税壁垒措施的是(　　　　)。
A. 进口押金制　　B. 国内税　　C. 关税
D. 进口许可证制　　E. 外汇管制

3. 国际贸易是指世界各国（地区）之间进行的(　　　　)的交换活动，是各国之间分工的表现形式。
A. 贸易　　B. 货物　　C. 服务　　D. 知识

4. 下列能起到促进出口作用的措施是(　　　　)。
A. 出口配额　　B. 出口信贷　　C. 出口补贴　　D. 外汇倾销

5. 当进口总额超过出口总额时，可称之为(　　　　)。
A. 贸易顺差　　B. 贸易逆差　　C. 贸易赤字
D. 出超　　E. 入超

6. 按照参与分工的各国的经济发展水平，国际分工可分为(　　　　)。
A. 垂直型国际分工　　B. 水平型国际分工　　C. 混合型国际分工
D. 农业国际分工　　E. 工业国际分工

7. 技术性贸易壁垒包括(　　　　)。
A. 商品包装和标签规定　　B. 反倾销税　　C. 数量性外汇管制
D. 技术标准　　E. 卫生检疫标准

8. 以下关于过境贸易和转口贸易的说法正确的是(　　　　)。
A. 过境贸易中的第三国没有参与商品交易
B. 转口贸易中的第三国没有参与商品交易
C. 转口贸易中的第三国参与了商品交易
D. 过境贸易就是转口贸易

9. 一国征收出口税的目的是(　　　　)。
A. 保证本国生产　　B. 增加财政收入
C. 保证国内供应　　D. 防止外国商品倾销

10. 从对外贸易的产生与发展来看，对外贸易政策可分为(　　　　)。
A. 强制贸易政策　　B. 限制贸易政策
C. 保护贸易政策　　D. 自由贸易政策

11. 关税的特点是(　　　　)。
A. 固定性　　B. 强制性　　C. 自愿性　　D. 无偿性

12. 关于商品倾销，以下说法正确的是(   )。

A. 倾销是一种不正当的竞争手段

B. 倾销是一种正当的竞争手段

C. 倾销对进口国的相关产业起到促进发展的作用

D. 倾销的产品以低于正常价值的价格销售

13. 按货物移动的方向，可将国际贸易分为(   )。

A. 过境贸易　　B. 转口贸易　　C. 出口贸易　　D. 进口贸易

14. 关于发展中国家的对外贸易，下列说法中正确的有(   )。

A. 在世界贸易中的地位不断上升　　B. 贸易发展严重不平衡

C. 进出口商品结构恶化　　D. 贸易条件逐渐改善

15. 按关税的征税目的分类，关税可分为(   )。

A. 财政关税　　B. 保护关税　　C. 名义关税　　D. 有效关税

四、判断题

1. 商品从甲国经过乙国向丙国运送，对丙国来说是过境贸易。(　　)

2. 所谓净进口，是指某种商品只有进口没有出口。(　　)

3. 出口与进口是对外贸易的两个组成部分。对运进商品和劳务的国家（地区）来说是进口；对运出商品和劳务的国家（地区）来说就是出口。(　　)

4. 世界各国进出口贸易额的总和即为国际贸易额。(　　)

5. 最惠国税率低于普通税率，特惠税率高于最惠国税率。(　　)

6. 根据世界贸易组织的规定，绿灯补贴属于不可申诉的补贴。(　　)

7. 一国的对外贸易依存度越大越好。(　　)

8. 国际贸易是从世界的角度看国与国之间的货物和服务的交换活动。(　　)

9. 过境贸易和转口贸易一样，货物一定会进入第三国境内。(　　)

10. 关税同盟条件下，各成员国间实现生产要素自由流动。(　　)

11. 对外贸易的地理方向越分散越好。(　　)

12. 无形贸易不需要经过海关办理进出口手续，也不显示在海关的贸易统计中，但它是一国国际收支的主要组成部分。(　　)

13. 关税是商品进出口关境时由海关直接向进出口商征收的税收，所以它属于直接税。(　　)

14. 进口许可证制是指进口国规定的某些商品进口必须事先领取许可证，否则一律不准进口。(　　)

15. 贸易条件又称为贸易比价或交换比价，是指一国在对外贸易中，出口一单位商品（价格、购买力、要素）与所能换回的进口商品（价格、购买力、要素）数量之间的比率。(　　)

16. 发展中国家与发达国家之间的国际分工称为混合型国际分工。(　　)

17. 社会生产力是国际分工的决定性因素。(　　)

18. 国际收支是指一国在一定时期内全部国际贸易的系统记录，一般用国际收支平衡表来统计和记录。（　　）

19. 差价税是进口国为了削弱进口商品的竞争力，保护国内生产和国内市场而征收的关税。（　　）

20. 最惠国关税是税率最低的关税。（　　）

五、计算题

1. 某国某年的国内生产总值为30 050亿美元，贸易进口额为6 080亿美元，贸易出口额为7 700亿美元。试计算该国当年的对外贸易依存度。（计算结果用百分数表示并且保留到整数位）

2. 2007年，中国的GDP为24.4万亿元人民币，出口总额为1.2万亿美元。设汇率为1美元=7.2元人民币，试计算当年中国的出口依存度。（计算结果用百分数表示并且保留到整数位）

3. 某国2010年进口总额为700亿美元，出口总额为1 100亿美元，该国GDP为2 000亿美元，试计算该国2010年是顺差还是逆差，差额是多少？

4. 美国对进口男士羊毛衫征收混合税，每千克征收0.5美元，并加征1%从价税。若进口6 000千克、价值30 000美元的男士羊毛衫，试计算该批货物应缴纳的关税。

六、名词解释题

1. 国际贸易
2. 对外贸易依存度
3. 进口配额制
4. 转口贸易
5. 国际分工

七、案例分析题

1. 2014年11月5—11日，亚太经合组织（APEC）第二十二次领导人非正式会议及相关会议在北京召开。此次APEC峰会决定启动亚太自由贸易区进程，批准了《亚太经合组织推动实现亚太自由贸易区路线图》，申明通过实施路线图，在完成现有路线的基础上建成亚太自贸区。根据以上情况，试分析这反映了当代经济全球化发展中的什么趋势？

2. 1994年，美国裁定“中国大蒜反倾销案”。事后，起诉方律师注意到中国企业应诉不积极，于是鼓动美国蜂蜜行业对中国企业提起反倾销诉讼，接下来他们又说服美国自行车行业对中国自行车出口提出指控，蘑菇罐头、靛蓝染料出口也陆续被提起诉讼，总共影响到中国高达3亿美元的出口额。

根据以上案例，请回答：

（1）什么叫倾销？

（2）实施反倾销措施必备的三个要件是什么？

（3）根据此案论述我国面对出口产品反倾销案应采取什么对策？

3. 2013 年，我国对外贸易保持增长，货物贸易进出口总额达到 4. 16 万亿美元，其中，与欧盟的进出口总额为 5 590. 4 亿美元，美国为 5 210 亿美元，东南亚国家联盟为4 436. 1 亿美元，中国香港为 4 010. 1 亿美元，日本为 3 125. 5 亿美元，韩国为 2 742. 5 亿美元。请根据上面的数据分析我国对外贸易的地理方向。

模块二　国际货物买卖合同的商订

【技能训练目标】

1. 知识目标

（1）了解交易磋商的环节，熟悉国际货物买卖合同成立必须具备的法律步骤

（2）熟悉国际货物买卖合同所包含的条款以及各条款的内容构成

（3）熟悉《联合国国际货物销售合同公约》（以下简称《公约》）中签订合同的相关规定

2. 技能目标

（1）能根据客户函电往来的内容辨别出交易磋商双方处于交易磋商的哪个环节

（2）学会根据交易双方函电往来的内容填制国际货物买卖合同

【技能训练重难点】

（1）熟悉建立业务关系函的格式，并能根据交易条件撰写建立业务关系函

（2）学会拟定国际货物买卖合同

【技能训练内容】

一、填空题

1. 国际货物买卖合同中的主要交易条件包括__________、__________、__________、__________、__________、__________、__________和__________。

2. 所谓发盘“内容十分确定”，《公约》规定至少应包括三个要素：（1）__________；（2）__________；（3）__________。

3. 《公约》规定，发盘于__________时生效。

4. 《公约》规定，发盘可以撤回的前提是__________。

5. 还盘，法律上称为__________，其后果是对原发盘的__________。

6. 接受生效的重要法律后果是__________。

7. 受盘人对发盘条件的变更有__________与__________之分。

8. 晚于发盘有效期送达发盘人的接受，法律上称为__________接受。

9. 一般条件下，口头发盘________________接受，合同成立。

10. 发盘中规定了有效期，则该发盘________________撤销。

二、单项选择题

1. 交易磋商中必不可少的环节是发盘和(　　)。

A. 询盘　　B. 还盘　　C. 接受　　D. 邀请发盘

2. 某发盘人在其订约建议中加有“仅供参考”字样，则这一订约建议为(　　)。

A. 发盘　　B. 递盘　　C. 邀请发盘　　D. 还盘

3. 法国某买方向我某轻工业出口公司来电“拟购型号为 LA6358 西餐用刀叉 6 000 套请电告最低价格最快交货期”，此来电属交易磋商的(　　)环节。

A. 发盘　　B. 询盘　　C. 还盘　　D. 接受

4. 我某公司于 7 月 5 日以电子邮件的方式向荷兰商人发盘，限 7 月 8 日复到有效。对方于 7 日以电子邮件的方式发出接受通知，由于我公司电信网络故障，9 日才收到，事后我公司未表态。根据《公约》，(　　)。

A. 该逾期接受无效，合同未成立

B. 因我公司未及时提出异议，该接受有效，合同成立

C. 只有在我公司及时表示确认后，该接受才有效；否则，合同不成立

D. 只有在对方再次发出接受通知时，接受才有效；否则，合同不成立

5. 根据我国法律，下列哪类合同是一项有法律约束力的合同？(　　)

A. 有证据证明，合同为当事人在有重大误解的情况下签订的

B. 采取胁迫手段订立的合同

C. 关于鸦片的买卖合同

D. 交易磋商双方根据来往函电达成一致意见而签订的合同

6. 巴西某商人 8 月 15 日向国外某客户用口头发盘，若巴商与国外客户无特别约定，国外客户(　　)。

A. 任何时间表示接受都可以使合同成立

B. 应立即接受方可使合同成立

C. 当天表示接受方可使合同成立

D. 在两三天内表示接受可使合同成立

7. 相对而言，以下哪项不是促使发盘终止的常见原因？(　　)

A. 发盘的有效期届满　　B. 发盘受盘人依法撤回或撤销

C. 受盘人对发盘的拒绝或还盘　　D. 发盘人发盘后丧失行为能力

8. 以下不是合同成立时间的是(　　)。

A. 接受生效的时间　　B. 交易双方签订书面合同的时间

C. 在合同获得国家批准时　　D. 当发盘送达受盘人时

9. 据《公约》规定，下列哪项是发盘必须具备的基本要素？(　　)

A. 货名、品质、数量　　B. 货名、数量、价格

C. 货名、价格、支付方式　　D. 货名、品质、价格

10. 在下列条件中，(　　)不是构成发盘的必备条件。

A. 发盘的内容十分确定　　B. 主要交易条件齐全

C. 向一个或一个以上特定的人发出　　D. 主要发盘人承受约束的意旨

11. 在交易磋商中，有条件的接受是(　　)。

A. 还盘的一种形式　　B. 接受的一种形式

C. 发盘的一种形式　　D. 发盘的邀请

12. 发盘的撤回与撤销的区别在于(　　)。

A. 前者发生在发盘生效后，后者发生在发盘生效前

B. 前者发生在发盘生效前，后者发生在发盘生效后

C. 两者均发生在发盘生效前

D. 两者均发生在发盘生效后

13. 下列哪个发盘有效？(　　)

A. 请改报装运期 10 日复到有效

B. 你 15 日电每公吨 30 英镑 20 日复到

C. 你 15 日电可供 100 件参考价每件 8 美元

D. 你 15 日电接受，但以 D/P 替代 L/C

14. 我方某公司向国外客户发盘，限 9 月 15 日复到有效。9 月 12 日接到对方复电：“你 10 日电接受，但单据份数以我方的特殊需要为准。”该接受实际上是(　　)。

A. 还盘　　B. 有条件的接受

C. 逾期接受　　D. 只要我方未表态，即为有效接受

15. 我某外贸公司于 3 月 1 日向美商发去电子邮件，发盘供应某农产品 1 000 公吨并列明“牢固麻袋包装”（PACKED IN SOUND GUNNY BAGS）。美商收到我方电子邮件后立即复电表示，“接受，装新麻袋装运”（ACCEPTED，SHIPMENT IN NEW GUNNY BAGS）。该接受为(　　)。

A. 逾期接受　　B. 有条件的接受

C. 相当于发盘　　D. 只要美方未表态，即为有效接受

16. 我国有权签订对外贸易合同的为(　　)。

A. 自然人　　B. 法人

C. 法人或自然人　　D. 自然人或法人且须取得外贸经营权

17. 按照《公约》的解释，有效的接受必须(　　)。

A. 以口头或书面声明方式表示出来　　B. 以某种行为方式表示出来

C. 以上二者均可　　D. 以上二者须同时具备

18. 我国甲进出口公司于 3 月 15 日用电子邮件向美国乙公司发出要约，规定承诺须于 3 月 20 日前到达甲公司才有效。3 月 18 日乙公司同时接到甲公司的发盘和撤回发盘的通知。根据《公约》的规定，在此情况下，(　　)。

A. 该合同成立

B. 该合同不成立

C. 须甲公司同意乙公司撤回该合同才不成立

D. 须甲公司不同意乙公司撤回该合同才成立

19. 某外贸公司对外发盘时，在 Offer 前加注了 Firm 字样，根据《公约》的规定，这项发盘(　　)。

A. 不得撤销

B. 可以撤销

C. 在对方发出接受通知前可以撤销

D. 以更快捷的方式使撤销通知先于发盘送达对方，即可撤销

20. 货物买卖合同的标的物是(　　)。

A. 法律上允许的一切有形动产交易　B. 股票、债券及流通票据的买卖

C. 不动产交易　D. 提供劳务的交易

三、多项选择题

1. 构成一项发盘应具备的条件有(　　)。

A. 向一个或一个以上的特定人发出　B. 表明发盘人受该发盘的约束

C. 发盘的内容必须十分确定　D. 发盘必须规定有效期

2. 国际货物买卖合同的内容通常包括(　　)。

A. 约首　B. 本文　C. 约尾　D. 约期

3. 发盘效力终止的情况包括(　　)。

A. 过了发盘规定的有效时间或合理时间　B. 受盘人拒绝或还盘

C. 发盘人进行有效的撤销　D. 发盘人破产

4. 构成一项有效接受必须具备的条件是(　　)。

A. 接受必须由合法的受盘人作出　B. 接受必须是无条件的接受

C. 接受必须在发盘有效期内作出　D. 接受的传递方式应符合发盘的要求

5. 根据《公约》关于“逾期接受”的规定，下列说法正确的是(　　)。

A. 决定逾期接受是否有效的主动权掌握在发盘人手里

B. 逾期是邮电部门延误造成，若发盘人没有及时表态，则接受无效

C. 逾期的原因不在邮电部门延误，若发盘人及时表示确认，则该接受仍有效

D. 逾期是邮电部门延误造成，则该逾期接受在任何情况下都是有效的

6. 在实际进出口业务中，接受的形式可以用(　　)表示。

A. 行动　B. 缄默　C. 广告　D. 口头书面的形式

7. 根据我国《合同法》第 11 条规定：“书面形式是指合同书、信件和数据电文等可以有形地表现所载内容的形式。”其中数据电文包括(　　)。

A. 电报、电传　B. 传真　C. 电子数据交换　D. 电子邮件

8. 我国外贸企业所使用的买卖合同包括(　　)。

A. 正式书面合同　B. 确认书　C. 协议书　D. 口头协议

9. 签订书面合同是为了(　　)。

A. 作为合同成立的证据　　B. 作为合同生效的条件
C. 作为合同履行的依据　　D. 符合有关法律的规定
10. 在交易磋商之前需要准备的事项很多，其中主要包括(　　)工作。
A. 选配洽谈人员　　B. 选择目标市场
C. 选择交易对象　　D. 制订磋商交易的方案

四、判断题

1. 在交易磋商过程中，发盘是由卖方作出的行为，接受是由买方作出的行为。(　　)
2. 一项有效的发盘，一旦由受盘人无条件地全部接受且接受送达发盘人，合同即告成立。(　　)
3. 在报刊上刊登的广告实际上是一项有效的发盘。(　　)
4. 如果发盘人在发盘中没有受发盘内容约束的意思表示，就不构成发盘。(　　)
5. 买卖双方就各项交易条件达成协议后，并不意味着此项合同就一定有效。(　　)
6. 一项发盘表明是不可撤销的发盘，则意味着发盘人无权撤回该发盘。(　　)
7. 接受和发盘一样，也是可以撤销的。(　　)
8. 从法律效力来看，合同和确认书这两种形式的书面合同没有区别。(　　)
9. 询盘、发盘、还盘和接受都是洽商交易不可缺少的步骤。(　　)
10. 询盘又称询价，即一方向交易的另一方询问价格，其他内容一般不涉及。(　　)
11. 《公约》规定，发盘生效的时间为发盘送达受盘人时。(　　)
12. 一项发盘必须写明有效期。(　　)
13. 一项还盘是对原发盘的拒绝，还盘一经作出，原发盘随之失效。(　　)
14. 按《公约》规定，接受生效的时间实际上就是合同订立的时间。(　　)
15. 一项逾期接受在任何情况下都是无效的。(　　)
16. 我方对外报货号 10005 北极绒丝袜 500 打，每打 CIF 伦敦 40 英镑，5 打一纸箱，11/12 月装船，限 8 月 10 日复到。这是一项有效的发盘。(　　)
17. 我某公司 10 月 2 日向墨西哥商发盘，以每件 8.50 美元 CIF 墨西哥城港的价格提供全棉男衬衫 500 件，限 10 月 15 日复到有效。该发盘于 10 月 7 日抵达墨商，10 月 8 日我方发现问题，向墨商发邮件要求撤销该发盘，该发盘不能撤销。(　　)
18. 我某公司周一对外发盘，限周五复到。客户周二回电还盘邀我电复，我未处理。但是周四客户又来电接受我周一的发盘。该笔交易达成。(　　)
19. 我某公司对外发盘，国外的客户在发盘的有效期内回电接受，但在同一电文中要求将装运期提前一个月。该接受有效。(　　)
20. 我某公司以 DDP 术语与几个英国客户洽谈一笔从广州将货物运往伦敦的出口交易，应规定广州为交货地点。(　　)

五、案例分析题

1. 5 月 16 日，我 A 公司向新加坡 G 公司发盘："报童装兔毛衫200 打，货号 CM034 每打 CIF 新加坡100 美元，10 月份装运，即期信用证付款，25 日复到有效。" 5 月 20 日 G 公司以航空快件复函表示接受发盘全部内容，由于邮政部门延误，5 月 28 日才送达 A 公司。经办人员视其为逾期接受，故未作任何表示。9 月 6 日，A 公司收到 G 公司开来的 L/G，并要求 10 月发货。而此时因原料价格上涨，A 公司已将价格调整为每打 110 美元，故于 9 月 8 日回电表示拒绝，并退回信用证。而买方 G 公司坚持合同已成立，A 公司必须按期发货，于是双方发生争执。你认为 A 公司应该发货吗？为什么？

2. A 与 B 签订一份为期两年的供货合同，合同规定"一切更改或废止均以书面作出为准"，还规定"卖方分批供货，每月交货 1 000 打"。当卖方按合同规定的规格交付了第一批货 1 000 打后，买方 B 用口头通知卖方 A，要求对原定规格略加修改，否则他将拒收货物。卖方 A 根据 B 的此项口头通知，按修改后的规格交付了第 2、3、4、5 批货物，买方也照收无误，并付清了货款。当卖方 A 交付第 6 批货物时，买方 B 拒绝收货，并要求 A 严格按照原合同的规格交货。事后双方对此发生争议。你认为此案应当如何处理？是 A 公司的失误吗？

3. 比利时 W 公司发盘要求我 A 公司按其提供的规格、性能生产供应某机械设备，发盘除列明品质、数量、价格、付款、交货期等必要条件外，规定有效期 1 个月，以便卖方能有足够的时间判断是否能按所提条件生产供应。卖方 A 公司收到发盘后，立即组织人员进行设计，探询购置必要生产设备的可能性和成本核算。两周后，突接买方通知，由于资金原因，W 公司决定不再订购该项机械设备，并撤销其发盘。此时，A 公司已因设计、询购生产设备、核算成本等付出了相应费用。接到买方撤盘通知后，卖方被迫停止尚未完成的设计和成本核算等工作。对此，你认为卖方能否提出异议？应该如何处理？并说明理由。

4. 我 M 对外工程承包公司于 5 月 3 日，以传真请法国某供应商发盘向我方出售一批钢材。我方在传真中声明：这一发盘是用于计算承造一幢大楼的工程的标价和确定是否参加投标；我方必须于 5 月 15 日向招标人送交投标书，开标日期为 5 月 31 日。法供应商于 5 月 5 日用传真就上述钢材向我方发盘。我 M 公司据以计算标价，并于 5 月 15 日向招标人递交了投标书。5 月 20 日法供应商因钢材市价上涨，发来传真通知撤销其 5 月 5 日的发盘。M 公司当即表示不同意撤盘。于是，双方为能否撤销发盘发生争执。截至 5 月 31 日招标人开标，M 公司中标，随即通知法供应商我方接受该商 5 月 5 日的发盘。但法商坚持其发盘已于 5 月 20 日撤销，合同不能成立，而我方则认为合同已经成立。对此，双方争执不下。你认为双方的合同成立了吗？

5. 4 月 20 日，我 A 公司向国外客户 B 公司发盘，报 50 公吨蜂蜜，每公吨 CIF 槟城 150 美元。4 月 23 日 B 公司来电表示接受，但要求按 ICC（C）险投保。我方收到客户复电后，即着手备货。数日后，该农产品国际市场价格猛跌，外商来电称："我方对保险条款作了变更，你方未确认，合同并未成立。"而我方坚持合同已经成立。于是双方发生争执。根据上述案情，请谈谈你的想法。

6. 甲与乙签订一份为期八年的供货合同，规定“由甲每月供应10公吨一级花生油，价格每月议订一次”，又规定“如双方发生争议，应提交仲裁处理”。合同执行了半年后，甲方提出：“因合同的价格未明确，主张合同无效。”后经仲裁裁决，确认该合同继续执行。问在上述情况下，合同的价格条款是否明确？你认为甲方能否以此为理由主张合同无效？

7. 我某外贸公司业务员A与国外某进口商B谈妥一笔业务，双方决定用我方提供的全式格式合同签约。双方经过磋商达成一致意见后，A将该公司的全式格式合同填制完毕并把已经签字的合同正面传真给进口商，请进口商收到后签字回传。外贸公司按合同规定交货，但货物到达目的港后进口商迟迟不付款，在货到目的港四个多月后进口商突然提出货物有瑕疵并提出索赔。外贸公司提出依据合同背面条款质量索赔应当在货到目的港两个月内提出并附权威检验机构出具的检验报告，因此，外商索赔不成立。而外商则提出其并不知道背面条款的存在，双方并未就背面条款内容达成一致意见，所以其索赔是合理的。外贸公司决定诉诸法律，但由于不能证明买卖双方对合同背面的仲裁条款已经达成协议而遭仲裁委员会拒绝受理。如果你是仲裁员，请你对本案作出评析。

8. 某年4月20日广交会我A公司展位上，北美B商向我询购海藻酸钠。A公司向其发盘：报海藻酸钠17公吨，每公吨5 380美元CIF旧金山，9/10月份装运……B商未置可否并离开。第三天，B商来到A公司展位，表示接受4月20日的发盘。此时，我A公司获悉海藻酸钠国际市场价格上涨。请你说说你认为A公司该如何处理？

六、技能实训题

（一）函电往来法律效力判断训练

以下是日本A公司向国内B公司就购买玩具所进行的交易磋商过程。请你根据双方函电往来的内容，说出其表示的法律含义（包括询盘、发盘、还盘、接受等环节）。

1. Dec. 8 Incoming：WHITE SNOW BRAND TOY TYA22 BEAR TYA221 DOG TYA322 DUCK PLEASE CABLE REPLY PRESENT PRICE AND AVAILABLE QUANTITY FOR JAN. SHIPMENT.

2. Dec. 10 Outgoing：YOURS 8TH REFERENCE PRICE CIF OSAKA TYA22 BEAR USD 0.45 TYA221 DOG USD 0.60 TYA322 DUCK USD 0.50 IN CARTONS OF 500 PCS EACH.

3. Dec. 11 Incoming：YOURS 10TH INTERESTED 3 000 PCS EACH JAN. SHIPMENT PLEASE OFFER FIRM.

4. Dec. 15 Outgoing：YOURS 11TH OFFER SUBJECT TO REPLY HERE BY 22TH DEC. 2 000 PCS TYA22 USD 0.45 2 000 PCS TYA221 USD 0.60 3 000 PCS TYA322 USD 0.50 FEB. SHIPMENT L/C SIGHT.

5. Dec. 17 Incoming：YOURS 15TH USD 0.36 0.48 0.40 3 000 PCS EACH JAN./FEB. L/C 30 DAYS SIGHT REPLY IMMEDIATELY.

6. Dec. 19 Outgoing：YOURS 17TH 3 000 PCS EACH TYA22 0.40 TYA221 0.53 TYA322

0. 44 JAN. /FEB. SHIPMENT INSURANCE AMOUNT 110 PERCENT INVOICE VALUE AGAINST ALL RISKS WAR RISKS OTHERS SAME AS OURS 15TH, THE OFFER IS OPEN FOR ONE WEEK.

7. Dec. 22 Incoming: ACCEPT PLEASE SENT SALES CONFIRMATION IN DUPLICATE.

（二）交易磋商常用句型翻译训练

1. This offer is valid only for seven days.

2. For the market is firm with an upward tendency, we advise you to accept our prices without delay.

3. We are pleased to quote you for the goods as following: ……Enclosed we hand you a price - current for the goods.

（三）合同条款修改训练

请你为卖方公司审查以下部分合同条款，并本着平等互利、尽可能地避免和减少履约纠纷的原则，对有关条款提出修改意见。

1. 卖方：中国广州粤兴公司
买方：荷兰 ER 公司
品质规格：一级大米
数量：10 吨
包装：麻袋装，每袋 30 公斤净重
装运：20××年 7 月 31 日由中国广州装运至荷兰鹿特丹，禁止分批
价格：CIF 广州每吨 1 000 美元，总值 10 000 美元

2. 卖方：中国大连市 A 进出口公司
买方：拉美地区乔治亚有限公司
品质规格：中国花生仁，2015 年产，FAQ
数量：10 吨
包装：麻袋装，每袋 30 公斤净重
装运：20××年 7 月 31 日由中国大连装运至巴西里约热内卢港，不许分批
价格：CIF 大连每吨 1 000 美元，总值 10 000 美元
保险：由买方自理
支付：买方开立 100% 不可撤销的即期信用证，买方收到货物验收合格后付款
检验：以买方在目的港收到货物后的检验为最后依据

3. 卖方：中国广州 F 公司
买方：澳大利亚 W 公司
品质规格：油籽产品，杂质 3%，含油量 29%
数量：2 500 公吨

装运：20××年7月31日由中国广州装运至悉尼，不许分批

价格：CIF广州每吨500美元

保险：由买方自理

支付：承兑交单见票30天付款

检验：以买方在目的港收到货物后的检验为最后依据

4. 卖方：中国内地某公司

买方：香港某商行

品名：铸铁井盖

品质：铸件表面应光洁；铸件不得有裂纹、气孔、砂眼、缩孔、夹渣和其他铸造缺陷；若卖方提供的货物质量不符合合同规定，买方有权拒收货物

数量：5 000吨

价格：FOB香港每吨610美元，总值305万美元

装运：整批货物分10批每两个月转运一批，每批供货500吨；货物装运前，卖方应通知买方前往产地抽样检验，并签署质量合格确认书

保证金：买卖合同签订后10天内，卖方须向买方预付相当于第一批货物金额10%的保证金（约合人民币25万元）；第一批500吨合格货物交货后，卖方可在5天内收回保证金

合同修改与终止：不经双方一致同意，任何一方不得单方面终止买卖合同，否则由终止合同的一方承担全部经济损失

（四）合同条款拟定训练

下面是我出口公司与外商阿卜图拉公司洽谈“飞鸽牌”自行车JA－1型的往来函电，根据这些函电用“＊”标出哪些是发盘，并拟出售货确认书的主要条款。

10月2日来电：

有兴趣飞鸽牌自行车JA－1型3 000架，请报即装价

10月3日去电：

飞鸽牌自行车JA－1型3 000架，木箱装，每架62美元CFR C 2科威特，11/12月装，即期信用证，限6日复到此地

10月5日来电：

你3日电歉难接受，竞争者类似品质报55美元，请速复

10月7日去电：

我3日电重新发盘，限10日复到我方有效

10月9日来电：

你7日电接受，如55美元CFR C 3 D/P即期，请确认

10月10日去电：

你9日电，最低60美元即期信用证，限12日复到我方

10月11日来电：

你10日电接受，再订购500架同样条件，即复

10月12日去电：

你11日电确认，速开证

10月13日来电：

你12日电，信用证将由科威特邮政信箱第345号ABC银行开立

（五）合同填制训练

以下是中山丰杰照明科技有限公司的陈凯与新西兰艾瑞特贸易有限公司业务员LUKE SMITH交易的相关信息，请根据以下信息，以小组谈判的形式，模拟交易磋商的整个过程，并根据磋商的内容在一张空白纸上自制一份销售合同。

1. THE SELLERS（卖方）：Zhongshan Feng Jie Lighting Technology Co.，Ltd.

Room2003，Zhongshan Port Street，Zhongshan，China

TEL：86 – 0760 – 8209686　FAX：86 – 0760 – 8209298

2. THE BUYERS（买方）：New Zealand Airuite Trading Co.， Ltd.

Queen Street，New Zealand

TEL：006421688802　FAX：006421666602

3. COMMODITY & SPECIFICATIONS：Ceiling Light SBD1101 – YQL50

4. QUANTITY：5 000 PCS

5. UNIT PRICE：USD 7.00/PC FOB ZHONGSHAN

6. PACKING：10 PCS PER CARTON，TOTAL 200 CARTONS

7. TERMS OF SHIPMENT：WITHIN 45 DAYS AFTER RECEIPT OF L/C

8. LOADING PORT：ZHONGSHAN. DESTINATION PORT：WELLINGTON

9. TERMS OF PAYMENT：BY IRREVOCABLE SIGHT L/C

模块三　合同条款的内容及拟定（一）——品质、数量和包装条款

【技能训练目标】

1. 知识目标

（1）掌握品质、数量和包装条款的内容

（2）熟悉《公约》及有关惯例对品质、数量和包装条款的规定

2. 技能目标

（1）能根据实际业务的具体情况，灵活规定合同中的品质条款

（2）能根据实际业务的具体情况，灵活规定合同中的数量条款

（3）能根据实际业务的具体情况，灵活规定合同中的包装条款

【技能训练重难点】

1. 学会根据交易的具体情况，制作运输标志

2. 学会“中性包装”和“定牌”生产的运用

【技能训练内容】

一、填空题

1. 商品的品质（Quality of Goods）也称为商品的质量，是指商品的________和________的综合体现。

2. 如卖方交货不符合约定的品质条件，买方有权要求________，也可要求________，甚至________。

3. 用文字说明表示商品品质的方法一般有________、________、________、________、________、________六种。

4. 根据《公约》规定，若卖方交货数量大于约定的数量，买方可以________，也可以________。

5. 用科学的方法除去其所含水分，然后再加上国际公认的标准含水量，按此方法计算出的重量，称为________。

6. 合同中的溢短装条款内容主要包括________、________

______、______三个部分。

7. 商品的包装，按其在流通领域中所起作用的不同，可以分为______、______和______等。

8. 运输标志，又称______，一般包括四项内容：______、______、______、______。

9. 运输包装上的标志，根据其用途一般可以分为______、______、______。

10. 国际贸易合同中的数量条款，主要包括所成交货物的______和______。

二、单项选择题

1. 可以采取"以毛作净"的方式计重的商品有(　　)。

A. 羊毛　B. 珠宝　C. 矿石　D. 黄金

2. 凡属"货"、"样"不能做到完全一致的商品，一般都不适宜(　　)。

A. 凭样品买卖　B. 凭规格买卖　C. 凭商品买卖　D. 凭标准买卖

3. 出口生丝、羊毛，计算重量的方法一般采用(　　)。

A. 毛重　B. 公量　C. 理论重量　D. 净重

4. 根据《UCP600》规定，散装货如没有规定数量溢短装幅度，可以理解为其交货数量(　　)。

A. 不能溢短装　B. 有10%的伸缩幅度

C. 有5%的伸缩幅度　D. 有15%的伸缩幅度

5. 如果没有特别约定，运输标志一般由(　　)出具。

A. 买方　B. 卖方　C. 运输部门　D. 保险公司

6. 下列商品中可以凭样品买卖的是(　　)。

A. 轿车　B. 大豆　C. 衬衫　D. 铁矿石

7. 如果合同中未明确规定以何种方法计重，其计量方法应为(　　)。

A. 理论重量　B. 净重　C. 以毛作净　D. 公量

8. 对于价值较低的商品，通常采用(　　)计算其重量。

A. 理论重量　B. 净重　C. 以毛作净　D. 法定重量

9. 对于溢短装部分的作价方法，合同中如果没有明确的规定，按照惯例，其做法是(　　)。

A. 按合同价格作价　B. 按装船时的国际市场价格作价

C. 按到货时的国际市场价格作价　D. 双方共同协商新的价格

10. 根据国际商会《跟单信用证统一惯例》规定，数量的"约"或"大约"应理解为(　　)。

A. 3%　B. 5%　C. 10%　D. 15%

11. 国外开来信用证规定：散装货，数量为1 000公吨，每公吨2万美元，总金额为2 000万美元，不准分批装运。根据国际商会《UCP600》规定，卖方(　　)。

A. 数量和总金额均可增减 10%

B. 数量和总金额均可增减 5%

C. 数量可增减 5%，总金额不得超过 2 000 万美元

D. 总金额可增减 10%，数量为 1 000 公吨

12. 下列标志中，(　　)要体现在买卖合同中的包装条款及有关单据中。

A. 运输标志　　B. 指示性标志　　C. 警告性标志　　D. 商标

13. 某公司出口微波炉共 2 000 台，合同和信用证都规定不准分批装运。运输时有 30 台被撞坏，不能出口。根据《跟单信用证统一惯例》规定，该公司发货时，可以装运(　　)。

A. 2 000 台　　B. 1 970 台　　C. 1 900 台　　D. 任何数量

14. 按照国际惯例，包装费用一般(　　)。

A. 不应包括在货物价格之内，并在合同中列示

B. 应包括在货物价格之内，但必须在合同中另外列示

C. 应包括在货物价格之内，但一般不在合同中另外列示

D. 不应包括在货物价格之内，也不必在合同中列示

15. 货物的外包装箱上印有一只酒杯，这种标志属于(　　)。

A. 危险性标志　　B. 指示性标志　　C. 警告性标志　　D. 易燃性标

16. 在商品和包装上不注明生产国的包装是(　　)。

A. 中性包装　　B. 无牌包装　　C. 非使用包装　　D. 使用包装

17. 我国法定的度量衡制度采用的是(　　)。

A. 公制　　B. 英制　　C. 美制　　D. 国际单位制

18. 请指出以下哪个英文短语是运输标志？(　　)

A. Shipping Mark　　B. Customary Tare

C. Bulk Cargo　　D. Sale by Seller's Brand

19. 货物外包装上贴有一张标志，其上有白底黑字的"Poison"和骷髅图案，这种标志属于(　　)。

A. 有毒危险性标志　　B. 有腐蚀危险性标志

C. 易爆危险性标志　　D. 易燃危险性标志

20. 信用证规定不迟于 2014 年 8 月底装运大约 20 000 双皮鞋，单价为 6 美元/双，总金额为 120 000 美元，出口商最多应装运多少双皮鞋？(　　)

A. 11 000　　B. 20 000　　C. 10 500　　D. 9 500

三、多项选择题

1. 根据《公约》规定，若卖方交货数量大于约定的数量，买方可以(　　　)。

A. 拒收多交的部分

B. 收取多交部分中的一部分或全部

C. 收取多交部分中的一部分或全部，但应按合同价格付款

D. 拒收整批货物

2. 在国际贸易中通常使用的度量衡制度有(　　)。

A. 美制　　B. 英制　　C. 国际单位制　　D. 公制

3.《公约》规定，如卖方交货数量少于约定的数量，买方(　　)。

A. 可允许卖方在规定的交货期届满前补交

B. 保留要求损害赔偿的权利

C. 承担不合理的开支

D. 拒绝承担不合理的开支

4. 根据情况的不同，买卖合同中溢短装条款的选择权可以归(　　)。

A. 买方　　B. 卖方　　C. 承运人　　D. 保险公司

5. 规定商品品名条款的注意事项有(　　)。

A. 内容明确、具体　　B. 切忌空泛、笼统

C. 尽可能使用国际上通行的名称　　D. 多添加一些描述性的语言

6. 以下属于运输包装上的标志的是(　　)。

A. 运输标志　　B. 条形码　　C. 指示性标志　　D. 警告性标志

7. 合同中的溢短装条款内容主要包括(　　)。

A. 溢短装的幅度　　B. 溢短装的选择权

C. 溢短装部分的计价　　D. 溢短装部分的运输方式

8. 以下属于指示性标志的有(　　)。

A. 

B. 

C. 

D. 

四、判断题

1. 我出口大豆一批，在合同中明确规定大豆的水分为10%，含油量115%，杂质2%，不完善粒4%。这样的规定既科学又合理，事后不会发生纠纷。(　　)

2. 出口合同中的品质规格条款要将指标定得高一点，以便提高出口商品的售价，保证其销路和信誉。(　　)

3. 我与外商按FOB条款每公吨600美元的价格成交一批某商品，合同规定数量可增

减5%，由卖方决定。交货时，我按合同规定数量多装5%，装船时该商品国际市场价格上涨10%，我可向客户要求多装部分按装船时的市价计算，对方不得拒绝。 （ ）

4. "小心轻放"属于警告性标志。 （ ）

5. 凭样品买卖中，凡是样品都能作为卖方交货的品质依据。 （ ）

6. 在约定的品质机动幅度或品质公差范围内的品质差异，除非另有规定，一般不另行增减价格。 （ ）

7. 按国际惯例，"吨"（Ton）是指公吨。 （ ）

8. 交货数量的机动幅度可以由买方或卖方选择，但不论由谁选择，每次装货数量均不能超过承运人宣布的船舶装载量。 （ ）

9. 为了适应国际市场的需要，我国出口贸易最好按买方样品达成交易。 （ ）

10. 运输包装又称大包装、外包装，其主要作用在于美化商品、促进销售。 （ ）

五、计算题

1. 某公司出口羊毛，买卖双方约定标准回潮率为11%。现有羊毛120公吨，经过烘干测定，回潮率为13%，请计算：该批货物的公量为多少公吨？

2. 某出口商品共240箱，每箱毛重9.5公斤，每箱体积为50×40×30（cm），求该批商品的毛重共多少公斤？体积共多少立方米？如每箱的皮重为1.5公斤，请问该批货物的净重共多少公斤？

3. 如按每箱200美元的价格出售某商品2 000箱，合同规定"数量允许有±5%，由卖方决定"。请问：

（1）"数量允许有±5%"是什么条款？

（2）我方最多可装多少箱？最少应装多少箱？

（3）如我方实际装运2 050箱，对方应付我方货款多少？

六、案例分析题

1. 我方向韩国出口冻羊肉，国外按时开来信用证，证中规定金额为10 000美元，数量20公吨（数量可以增减10%），每公吨FOB价500美元。我方按22公吨发货装运，但持单据到银行办理议付时遭拒付。问银行拒付是否有理？

2. 某笔交易合同订明由我方提供双层旧麻袋进行包装。装船时，因这种麻袋短缺，我方就自行换成单层新麻袋（比双层旧麻袋更耐用，成本更贵），也没有要求对方额外支付费用，但对方认为我方包装不符合规定，向我方索赔。请问对方是否有理？

3. 我某公司对外出口大蒜一批，合同与信用证均规定为三级品，发货时方知三级大蒜已无库存，便以二级大蒜（质量比三级更好）顶替，并在发票上注明"二级大蒜仍按三级计价"，请问这种以好顶次、原价不变的做法妥当吗？

七、操作题

1. 我方出口货物200箱，目的港为香港（HONGKONG），收货人为“ABC”公司，合同号码为“HT13051601”，请根据已知条件编制一个标准的运输标志。

2. 已知出口商：DALIAN IMPORT & EXPORT CORPORATION

进口商 ：SUN CO. LTD.

装运港：大连（DALIAN）

目的港：纽约（NEW YORK）

商品数量：2 000 件

包装情况：每箱装 20 件

合同号码为：DL20140801

请根据以上资料，编制一个标准的运输标志。

模块四　合同条款的内容及拟定（二）——价格条款

【技能训练目标】

1. 知识目标

（1）熟悉并掌握贸易术语及与贸易术语有关的国际贸易惯例

（2）熟悉商品的价格构成及对外报价

（3）理解合同中的价格条款

2. 技能目标

（1）能理解贸易术语的含义

（2）能对《2010年通则》中的十一种贸易术语的含义进行解读

（3）能熟练对进出口商品成本进行核算

（4）能理解价格条款的内容并准确拟定合同的价格条款

【技能训练重难点】

1. 会区分FOB、CFR、CIF和FCA、CPT、CIP这六个贸易术语中买卖双方的责任
2. 掌握FOB、CFR、CIF三个贸易术语之间的相互转化
3. 掌握佣金、折扣、保险费的计算方法
4. 掌握主要贸易术语的价格核算方法

【技能训练内容】

一、填空题

1、国际贸易中的商品单价应包括四个部分，即________、________、________和________。

2. 在装运港船上完成交货的术语有________、________和________。

3. 贸易术语是指在国际贸易中用来表示商品的________构成，说明货物交接过程中有关的________、________和________划分问题的专门用语。

4. 有关国际贸易术语的惯例常见的有________、________、________。

5.《2010年通则》解释的十一种贸易术语中，仅适用于水上运输的贸易术语有________、________、________和________。

6. 根据《2010 年通则》的解释，FOB、CIF、CFR 贸易术语的风险划分是以____________________为界的；FCA、CPT、CFR 贸易术语的风险划分是以____________为转移的。

7. 在所有的贸易术语中，卖方承担的风险、责任及费用最小的是________；卖方承担的风险、责任及费用最大的是________。

8. DAT 的中文名称为____________，卸货费由________承担；DAP 的中文名称为____________，卸货费由________承担。

9. 出口商品的价格构成一般有三部分：________、________和________。

10. 合同中价格条款的内容一般包括________和________两个部分。

二、单项选择题

1. “成本加运费”是(　　)。

A. CFR　　B. CIF　　C. CIP　　D. CPT

2. FOB 和 FCA 的主要区别是(　　)。

A. 前者仅适用于水上运输，后者适用于任何运输方式

B. 前者由卖方负责办理出口手续，后者由买方负责办理出口手续

C. 前者由买方负责租船订舱，后者由卖方负责订立运输合同

D. 前者的风险和费用转移同步，后者的风险和费用转移不同步

3. CFR 术语的变形是为了解决(　　)。

A. 装货费用负担问题　　B. 卸货费用负担问题

C. 交货地点问题　　D. 风险划分问题

4. 与 CFR 相比，CIF 条件下卖方增加的责任是(　　)。

A. 交付货物　　B. 租船订舱

C. 办理货运保险　　D. 办理出口通关手续

5. 采用 FOB 条件成交时，卖方欲不负担装船费用，可采用(　　)。

A. FOB Liner Terms　　B. FOB Stowed

C. FOB Trimmed　　D. FOB ST

6. FAS 条件下，若买方指派的船只不能靠岸，则应由(　　)。

A. 买方租用驳船把货运至船边

B. 承运人租用驳船把货运至船边

C. 卖方租用驳船把货运至船边，交货在码头进行

D. 卖方租用驳船把货运到船边，交货在船边进行

7. DAT 属于(　　)。

A. 象征性交货　　B. 易地交货　　C. 实际交货　　D. 港口交货

8. 下列我国进口商品单价表达正确的是(　　)。

A. 每箱 50 元 FOB 广州　　B. 每吨 80 英镑 CIF 深圳

C. 每箱 100 法郎 CFR 纽约　　D. 每箱 30 美元 FCA 天津

9. 在国际贸易中，中间商的收入称为(　　)。
A. 服务费　　B. 收益　　C. 佣金　　D. 折扣
10. 正确表示含佣价的是(　　)。
A. FOB S　　B. FOB T　　C. FOB C　　D. FOB ST
11. 在我国进出口业务中，计价货币的选择应(　　)。
A. 力争采用硬币收付
B. 力争采用软币收付
C. 出口时采用软币计价收款，进口时采用硬币计价付款
D. 进口时采用软币计价付款，出口时采用硬币计价收款
12. 采用(　　)术语时，买方承担的责任、风险最大。
A. FOB　　B. CFR　　C. EXW　　D. FCA
13. 以 FOB/CIF 术语成交的合同，应当由(　　)来办理保险。
A. 卖方/买方　　B. 买方/买方
C. 买方/卖方　　D. 卖方/卖方
14. 就卖方承担的费用大小而言，下列术语排列顺序正确的是(　　)。
A. FOB > CFR > CIF　　B. FOB > CIF > CFR
C. CIF > FOB > CFR　　D. CIF > CFR > FOB
15. 与美国纽约的客户按"CIF 广州"成交的进口合同中，卖方完成交货任务的地点最有可能是在(　　)。
A. 纽约港　　B. 纽约市　　C. 广州港　　D. 广州市内
16. 根据《2010 通则》的解释，采用 FOB 术语成交，不属于卖方责任的是(　　)。
A. 按时交货　　B. 提交交货凭证
C. 办理进口手续　　D. 向买方发出装运通知
17. 下列公式中，含佣价的计算公式是(　　)。
A. 单价 × 佣金率　　B. 含佣价 × 佣金率
C. 净价 × 佣金率　　D. 净价/（1 - 佣金率）
18. 国内某公司对外报价为每公吨 CIF 价 1 000 美元，外商要求改报 CIF C 5%，我方应报价为(　　)。
A. 1 050. 00 美元　　B. 950. 00 美元
C. 1 000. 00 美元　　D. 1 052. 63 美元
19. CIF 合同下，用程租船运输，如卖方不承担卸货费用，应在合同中选用(　　)。
A. CIF Liner Terms　　B. CIF ST
C. CIF Ex Ship's Hold　　D. CIF Landed
20. 从交货方式上看，CIF 是一种典型的象征性交货。此语的含义为(　　)。
A. 卖方不需要实际交货
B. 卖方按约定完成装运，并向买方以交单代替交货
C. 卖方不需要按期在约定地点完成装运
D. 卖方不需要按合同履行交货义务

21. 在采用海运集装箱出口货物时，如果卖方想提前转移风险并提早取得运输单据，根据《2010 通则》，以下比 FOB 术语更为有利的贸易术语是(　　)。

A. CIF　　B. CFR　　C. FCA　　D. DDP

22. 我国某公司与美国一家公司以 DAT 的条件成交一笔交易，按国际惯例，该笔交易的货物在目的港的卸货费用应由(　　)承担。

A. 买方　　B. 卖方　　C. 船方　　D. 港务部门

23. 某公司与新加坡一家公司以 CIF Landed 的条件成交一笔交易，按国际惯例，该笔交易的货物在目的港的卸货费用、驳船费用应由(　　)承担。

A. 买方　　B. 卖方　　C. 船方　　D. 港务部门

24. 下述术语中，既属内陆交货，又属象征性交货的术语是(　　)。

A. EXW　　B. CPT　　C. FOB　　D. DAT

25. 下列贸易术语中，(　　)进口方没有办理进口手续的责任。

A. EXW　　B. FOB　　C. FCA　　D. DDP

三、多项选择题

1. 根据《2010 年通则》的解释，适用于各种运输方式的贸易术语有(　　)。

A. EXW　　B. FCA　　C. FAS　　D. FOB　　E. CPT

2. 下列我国出口贸易的商品单价正确的有(　　)。

A. 每码 100 美元 FOB 上海　　B. 每公吨 100 英镑 CIF 天津

C. 每箱 50 法郎 CFR 新加坡　　D. 每件 50 美元 FOB 纽约

3. 在下列贸易术语中，出口报关责任和进口报关责任由一方承担的是(　　)。

A. EXW　　B. FAS　　C. CIF　　D. DDP　　E. DAP

4. 下列关于 CFR 与 CPT，说法不正确的是(　　)。

A. 适用范围相同　　B. 买卖双方风险划分界限相同

C. 价格构成相同　　D. 交货地点相同

5. 下列贸易术语中，风险转移的界限在进口国的有(　　)。

A. FAS　　B. DAT　　C. DAP　　D. CIP　　E. DDP

6. 下列贸易术语中，(　　)风险划分以货交第一承运人为界，并适用于各种运输方式。

A. FCA　　B. CPT　　C. CIF　　D. CIP　　E. DDP

7. 以下对贸易术语变形的说法正确的是(　　)。

A. 不改变费用的负担　　B. 不改变交货地点

C. 不改变风险划分的界限　　D. 不改变支付条件

8. 在进出口合同中，单价条款包括的内容是(　　)。

A. 计量单位　　B. 单价金额　　C. 计价货币　　D. 贸易术语

9. 根据《2010 年通则》的解释，以下属于实际交货的术语有(　　)。

A. EXW　　B. FOB　　C. DAT　　D. CIF　　E. DDP

10. 根据《2010 年通则》的解释，FOB、CFR 、CIF 的共同点有(　　　　)。
A. 风险划分的界限相同　　B. 交货地点相同
C. 买卖双方承担责任相同　　D. 买卖双方承担费用相同
E. 合同的性质相同

四、判断题

1. "FOB 广州"是卖方在广州港完成交货义务，而"CIF 纽约"是卖方在纽约港完成交货义务。(　　)

2. 在 CFR 价格条件下，卖方凭单据履行交货义务、买方凭单据付款。(　　)

3. 在 CIF 或 CIP 合同中，如无明确规定，卖方只需投保最低限度的险别即可，最低投保金额应为 CIF 或 CIP 的 110%。(　　)

4. 不写明折扣或佣金的一定是净价。(　　)

5. 我方从韩国进口一批货物，如按 FOB 条件成交，需要我方派船到韩国口岸接运货物；如按 CIF 条件成交，则由韩国客户洽租船舶将货物运往中国港口。可见，我方按 FOB 进口承担的货物运输风险比按 CIF 进口承担的风险大。(　　)

6. 佣金是卖方给予买方的价格减让。(　　)

7. CIF 与 CIF Ex ship's Hold 买卖双方风险划分的界限是完全相同的。(　　)

8. 我国在进出口业务中，进口计价宜选用"软币"，出口计价宜选用"硬币"。
(　　)

9. 在 CIF 条件下，由卖方办理货物运输的保险，而在 CFR 条件下，投保由买方来负责。因此，一旦海洋运输途中货物遭遇风险，前者应由卖方承担，后者则由买方承担。
(　　)

10. 按照 FOB、CIF、CFR 贸易术语成交，货物在置于装运港船上之后，风险即由卖方转移给买方。因此，当货物到达目的港后，如果买方发现到货品质、数量或包装有任何与合同规定不符的情况，卖方不负责任。(　　)

11. 根据《2010 年通则》的解释，在 FCA 贸易术语下，如货物在卖方仓库处交付后使用公路运输方式，则意味着卖方要承担将货物装上卡车的费用。(　　)

12. 根据《2010 年通则》的解释，在 FAS 贸易术语下，如买方所派的船不能靠岸，则卖方只要将货物装上驳船即可。(　　)

13. 在 FOB 贸易术语成交条件下，由买方指定承运人并安排运输，因此如果合同中未规定"装船通知"条款，卖方在装船后允许不发装运通知给买方。(　　)

14. CIF 条件下卖方承担的保险责任属代办性质。(　　)

15. FCA、CPT、CIP 三种贸易术语，就卖方要承担的风险而言，CIP 最小，CPT 其次，FCA 最大。(　　)

五、计算题

1. 我方向外商的报价为每公吨 860 美元 CFR 香港，含 2% 的折扣，该批交易商品的数量为 200 公吨，试求我方扣除折扣后的总收入是多少？

2. 我出口某商品一批，原报价每公吨 250 美元 FOB C 2% 广州，国外客户要求增加佣金 3 个百分点，我报价应改为多少？（保留两位小数）

3. 我方出口钢材 200 公吨，每公吨 USD 450 CIF C 2% 利物浦，根据合同规定应支付多少佣金给中间商？

4. 我某出口公司对欧洲某客商发盘，供应某商品，价格条款为 CIF 鹿特丹每公吨 2 500美元，按发票金额 110% 投保一切险和战争险。对方要求改报 FOB 广州。经查自广州至鹿特丹的海洋运输费用为每公吨 400 美元，投保一切险，保险费率为 0.5%。在保持净收入不变的情况下，请问该如何报 FOB 价格？

5. 我某出口商品原报价为每箱 150 美元 CFR 新加坡。现外商要求改报 CFR C 5% 新加坡，在 FOB 净收入不减少的条件下，我方最低应报多少美元？若按 110% 投保，保险费率为 1%，则我方最低 CIF C 5% 应报多少美元？（保留两位小数）

6. 某公司向香港客户出口水果罐头 200 箱，每箱 132.6 港元 CIF 香港，客户要求改报 CFR 香港 5% 佣金价，假设保险费率为 2%，加一成投保，在保持原报价不变的情况下，试求：CFR C 5% 香港价应报多少？（保留两位小数）

六、案例分析题

1. 我方某公司以 FOB 条件出口一批陶瓷，买方要求该公司代为租船，费用由买方负担。由于我方公司在约定日期无法租到合适的船，且买方不同意更换条件，以致延误了装运期，买方以此为由提出撤销合同。请问买方的要求是否合理？

2. 我方公司与外商按 CIF 价成交一批出口货物，我方按时装船并发装船通知，正当我方备妥单证向中国银行议付时，接到船方来电称货在海上受损，我方将此消息通知买方，买方即告知银行停止议付。中国银行审单无误，准予议付，但买方拒绝赎单。请分析买方的做法是否合理？

3. 我国某进出口公司按 FOB 贸易术语与德国一家进口商签订一批抽纱台布出口合同，价值 10 万美元。全部货物于 2014 年 5 月 10 日上午装“东方号”轮船，当天因经办该项业务的外销员工作繁忙，待到 12 日下午才想起给买方发装船通知。法商收到我装船通知向当地保险公司申请投保时，该保险公司已获悉“东方号”轮船于 11 日凌晨在海上遇难而拒绝承保。于是法商立即来电表示该批货物损失应由我方承担并同时索赔5 000美元，且拒绝赎单。请分析对这批货物的损失，我方是否有责任？

4. 我国某出口公司按 CIF 新加坡出售一批荔枝，由于该商品季节性较强，双方在合同中规定：“买方须于 4 月底前将信用证开到，卖方保证运货船只不得迟于 6 月 15 日驶抵目的港。如货轮迟于 6 月 15 日抵达目的港，买方有权取消合同。如货款已收，卖方须将货款退还买方。”问这一合同的性质是否还属于 CIF 合同？

5. 2014 年 1 月份我国某一进口商与越南某公司以“CIF 广州”条件签订合同进口大米 10 000 公吨，由于考虑到海上运输距离较近，且该运输时间段海上一般风平浪静，于是卖方在没有办理海上货运保险的情况下将货物安全运至广州港，适逢国内大米价格下跌，我国进口商便以出口方没有办理货运保险、卖方提交的单据不全为由，拒收货物和拒付货款。请问我方的要求是否合理？

模块五　合同条款的内容及拟定（三）——货物运输条款

【技能训练目标】

1. 知识目标

（1）了解国际贸易的各种运输方式及特点

（2）熟悉国际贸易买卖合同中运输条款的主要内容

（3）熟悉国际贸易各运输单据的种类

（4）了解国际贸易中主要的航线及港口

2. 技能目标

（1）能根据国际货物运输的要求拟定合同中的运输条款

（2）能够根据客户需求选择航线、查询货物分级表和航线费率表，并计算运费

【技能训练重难点】

1. 学会运输条款的拟定
2. 学会计算运费
3. 学会根据货物的运输情况，选择运输的航线

【技能训练内容】

一、填空题

1. 国际货物运输方式很多，__________是其中最主要的运输方式。

2. 海洋运输按船舶经营方式不同，可分为__________和__________。

3. 租船运输分为__________和__________两种方式。

4. 提单按收货人的不同分为__________提单、__________提单和__________提单。

5. 班轮运输的“四固定”指的是固定的航线、固定的__________、固定的__________、固定的运费率。

6. 租船人在规定的装卸期限内，提前完成装卸作业，船方应向租船人对于其所节省的时间支付一定的奖金。这种奖金称为“__________”。

7. 承运人收到货物等待装船期间向托运人所签发的提单称为__________。

8. 承运人在签发提单上明确宣称货物及/或包装有缺陷等批注的提单称为__________提单。

9. 班轮提单与航空运单的最大区别是班轮提单是______________的凭证，而航空运单则不是。

10. 已装船提单必须在货物装船______________才能签发。

11. ______________提单不须办理任何手续，仅凭交付就可转让。

12. 定程租船是指按____________租赁船舶。

13. 租船人未能按时完成装卸任务，延误船期，则需要向船方缴纳______________。

14. ____________________是指货物置于舱面的提单。

15. ______________是指在收货人栏内填写“凭指定”（to order）或“凭某人指定”（to order of……）字样的提单。

16. 转船提单（Transshipment B/L）上注有“在某港转船”的字样，承运人只对______________运输负责。

17. 超过提单签发日21天后才向银行交单的提单称为____________________。

18. 实际装运日为8月15日，但提单上显示的装运日为8月10日之前。这种提单为____________。

19. 凡装货量达到每个集装箱容积75%以上的或达到每个集装箱负荷量95%以上的，即为______________。

20. FCL/FCL，意思是______________________________。

二、单项选择题

1. 在班轮运价表中用字母“M”表示的计收标准为(　　)。

A. 按货物体积计收　　B. 按货物毛重计收

C. 按商品价格计收　　D. 按货物件数计收

2. 仅次于海洋运输的一种主要运输方式是(　　)。

A. 铁路运输　　B. 公路运输　　C. 航空运输　　D. 管道运输

3. 对于成交量较小、批次较多、交接港口较分散的货物比较适宜(　　)。

A. 定期租船运输　　B. 租船运输　　C. 班轮运输　　D. 定程租船运输

4. 有关装卸时间的规定方法中，最合理、目前采用最多的是(　　)。

A. 晴天工作日　　B. 连续24小时晴天工作日

C. 24小时晴天工作日　　D. 累计24小时工作日

5. 在定程租船方式下，对装卸费的收取办法中FIO的含义是(　　)。

A. 船方不负担装卸费

B. 船方负担装卸费

C. 船方只负担装货费，而不负担卸货费

D. 船方只负担卸货费，而不负担装货费

6. 以下不属于海洋运输的特点的是(　　)。

A. 通过能力大　B. 运输量大　C. 运费低　D. 运输速度快

7. 班轮运费包括(　　)。

A. 基本运费 + 滞期费　B. 基本运费 + 装卸费

C. 基本运费 + 速遣费　D. 基本运费 + 附加运费

8. 按提单收货人抬头分类，在国际贸易中被广泛使用的提单有(　　)。

A. 记名提单　B. 不记名提单　C. 指示提单　D. 班轮提单

9. 下列(　　)是表示“装船提单”的日期。

A. 货于9月24日送交船公司　B. 货于7月4日全部装完

C. 货于8月4日开始装船　D. 货于7月4日到达目的港

10. 在国际货物运输中，能够作为物权凭证的运输单据是(　　)。

A. 铁路运单　B. 海运提单　C 航空运单　D. 邮包收据

11. 过期提单是指卖方超过信用证规定的交单日期或在提单签发日期后(　　)才到银行议付的提单。

A. 21天　B. 35天　C. 30天　D. 40天

12. 倒签提单是指承运人应托运人的要求，(　　)。

A. 签发提单的日期晚于实际装船日期的提单

B. 于货物装船完毕签发的，提单的日期早于实际装船完毕日期的提单

C. 装运前事先就签好提单日期的提单

D. 船运走后才签发的提单

13. FCL/LCL 表示(　　)。

A. 整箱交　B. 拼箱交接

C. 整箱交、拼箱接　D. 整箱交、整箱接

14. 以下哪种说法是正确的(　　)。

A. 海运单是物权凭证

B. 海运单是债权凭证

C. 海运单是承运人收到托运人货物的收据

D. 海运单是提货单

15. 速遣费是指装卸方从船方获得的(　　)。

A. 罚款　B. 奖金　C. 加班费　D. 附加费

16. 出口商办理装运后，凭以向船公司换取提单的凭证是(　　)。

A. 装货单　B. 保险单　C. 商检证书　D. 大副收据

17. 必须经过背书才能转让的海运提单是(　　)。

A. 不记名提单　B. 记名提单　C. 指示提单　D. 不清洁提单

18. 对小件急需品和贵重货物有利的运输方式是(　　)。

A. 海洋运输　B. 航空运输　C. 邮包运输　D. 公路运输

19. 我国出口到朝鲜的石油，一般采用的运输方式是(　　)。

A. 管道运输　B. 河流运输　C. 公路运输　D. 铁路运输

20. 承运人收到托运货物，但尚未装船时向托运人签发的提单是(　　)。

A. 已装船提单　B. 指示提单　C. 备运提单　D. 舱面提单

三、多项选择题

1. 国际邮包运输具有(　　　)的性质。

A. 集装箱　B. 多式联运　C. 门到门　D. 航空运输

2. 国际标准化组织为统一集装箱的规格，推荐了三个系列十三种规格的集装箱。我国在贸易中最常使用的是(　　　)。

A. 10 英尺　B. 20 英尺　C. 30 英尺　D. 40 英尺

3. 海洋运输的特点是(　　　)。

A. 运输量大　B. 通过能力强

C. 投资小，运费低　D. 速度快

4. 班轮运输特点中的“四固定”是指(　　　)。

A. 航线固定　B. 港口固定　C. 船期固定　D. 费率固定

5. 租船运输的特点是(　　　)。

A. 大宗货物，整船运输　B. 运价不固定

C. 按租船合同安排航程　D. 运价固定

6. 海运提单是(　　　)。

A. 货物收据　B. 物权凭证

C. 运输契约的证明　D. 交易合同

7. 按承运人在提单上对运输货物表面状况有无不良批注可分为(　　　)。

A. 清洁提单　B. 不清洁提单　C. 记名提单　D. 不记名提单

8. 装运时间的规定方法有(　　　)。

A. 明确规定具体装运时间

B. 在收到信用证后若干天或若干月内装运

C. 收到信汇、电汇或票汇后若干天内装运

D. 随卖方而定

9. 规定国内装运港和目的港时，应注意(　　　)。

A. 不能接受以内陆城市作为装运港或目的港的条件

B. 应考虑货物的合理流向并贯彻就近装卸的原则

C. 对港口的规定，应明确具体，不宜过于笼统

D. 应考虑港口的设施、装卸条件等实际情况

10. 对使用最普遍的装卸时间的规定方法，描述正确的有(　　　)。

A. 连续 24 小时为一天

B. 星期日和节假日除外

C. 它用于昼夜作业的港口

D. 它是指在好天气条件下，把昼夜连续作业 24 小时算作一个工作日的表示装卸时间的办法

11. 下列关于转运的叙述，正确的有(　　　　)。

A. 货物中途转运，会延误时间和增加费用开支

B. 卖方一般不愿转运

C. 卖方在商定合同时，可提出订立“限制转运”的条款

D.《跟单信用证统一惯例》规定，除非信用证有相反规定，可允许转运

12. 按照提单收货人抬头分类，提单有(　　　　)。

A. 清洁提单　　B. 指示提单　　C. 记名提单　　D. 不记名提单

13. 班轮运费中的附加运费包括(　　　　)。

A. 基本运费　　B. 绕航附加费

C. 港口拥挤附加费　　D. 转船附加费

14. 规定装运通知的目的在于(　　　　)。

A. 选定何种运输方式

B. 明确以何种贸易术语成交

C. 促使买卖双方共同搞好船货衔接

D. 便于办理货运保险

15. 下列关于 OCP 的说法，不正确的是(　　　　)。

A. 采用 OCP 运输条款时，货物必须经由美国西海岸港口中转

B. OCP 地区，是以落基山脉为界，其以西地区均定为内陆地区范围

C. 按 OCP 运输条款成交，出口商可享受优惠费率，而进口商则不能

D. OCP 运输条款，意即陆上运输通常可到达的地点

四、判断题

1. 对于成交数量大、交货期比较集中的货物，使用租船运输可以降低运费。(　　)

2. 海运提单、铁路运单、航空运单都是物权凭证，都可通过背书转让。(　　)

3. 合同中规定的装运条款为“8/9 月份装运”，我出口公司必须将货物于 8 月、9 月两个月内，每月各装一批。(　　)

4. 按国际惯例，凡装在同一航次及同一条船上的货物，即使装运时间与装运地点不同，也不作为分批装运论。(　　)

5. 空白抬头、空白背书的提单是指既不填写收货人、又不需要背书的提单。(　　)

6. 为了避免货物中途转船延误时间，造成货损货差，在按 FOB 条件进口时，最好争取在合同中订明“不准转船”的条款。(　　)

7. 使用班轮运输货物时，货方不再另行支付装卸费。船货双方也不计算滞期费和速遣费。(　　)

8. 某商品每箱体积为 $20cm \times 40cm \times 30cm$，毛重为 65kg，如果班轮运费计收标准为 W/M，则船公司按尺码吨计收运费为最有利。(　　)

9. 航空运输货物的破损率比海运的要高，因而航空运输的包装费比海运的要高。(　　)

10. 航空运单不是物权凭证，不能通过背书转让。 (　　)

11.《跟单信用证统一惯例》规定：“除非信用证另有规定，分批支款及/或装运均被禁止。” (　　)

12. 按《跟单信用证统一惯例》的规定，凡信用证未明确规定禁止或不允许转船者，即视为可以转船。 (　　)

13. 根据业务惯例，国际多式联运包括两种以上不同的运输方式，因此，不可能也没有必要实行适用于全程运输的单一运费费率。 (　　)

14. 美国把北起北达科他州、南至新墨西哥直到东部沿海均划为 OCP 地区。 (　　)

15. 国际多式联运可以由两个以上多式联运经营人对全程运输负责。 (　　)

五、计算题

1. 我国某公司出口 A 商品 200 箱到海湾国家，每箱体积 50cm × 30cm × 20cm，毛重 40kg。又知货装外轮，查得《中租表》，A 商品按货物分级表规定计算标准为 M/W，货物等级为 10 级；又查“中国—海湾地区航线等级费率表”，10 级每运费吨的基本费率为 234 港元，另收燃料附加费 10%。我方应付给船公司多少运费?

2. 某公司向美国出口商品 1 200 箱，目的港为纽约，用纸箱包装，每箱毛重 25 千克，体积为 0.04 立方米，运费的计算标准为 W/M 10 级，基本运费为 200 元人民币，加币值附加费 30%，再加燃料附加费 20%，港口拥挤附加费 10%。试计算运费。

3. 出口茶叶，每箱重 25 公斤，每箱尺码为 0.075 立方米，共 100 箱，商品等级为 8 级（M），基本费率为 USD 100/运费吨，另外燃油附加费为 15%，试计算总运费。

4. 出口货物一批，计 500 箱，每箱重 60 公斤，体积为 60cm × 40cm × 30cm，由天津新港装船去伦敦/鹿特丹/汉堡港口。查该货为 8 级，计费标准为 W/M，基本费率为 60 美元/运费吨，另有燃油附加费 20%，选港附加费每运费吨 2 美元，港口附加费 10%。求该批货物的运费。

5. 我某外贸公司出口货物共 400 箱，每箱 355 美元 CIF 纽约，纽约商人要求将价格改报为 FOB。已知该批货物每箱的体积为 40cm × 30cm × 30cm，毛重为 30kg，商品计费标准为 W/M，每运费吨基本运费为 200 美元，另须加收燃油附加费 10%，货币附加费 10%，港口拥挤费 10%，若另设保险费 5 美元/箱，试求每箱应付的运费及应改报的 FOB 价。

六、案例分析题

1. 我国 A 公司向日本 B 公司按 CIF 条件出口一批货物，合同规定六月份装运。B 公司于 6 月 10 日开来不可撤销信用证，证内规定，装运期不得晚于 6 月 15 日。此时我方已来不及办理租船定舱，立即要求 B 公司将装船期限延至 7 月 15 日。随后 B 公司来电称：同意展延船期，有效期也顺延一个月。但未经开证行办理信用证修改手续。我方于 7 月 10 日装船，提单签发日为 7 月 10 日，并于 7 月 14 日将全套符合信用证规定的单据交银行办理议付。请问，A 公司能否顺利结汇？为什么？

2. 我国A公司向B公司出口大豆500吨，合同规定，5—7月份分批装运。B公司按时开来信用证，证内规定，5月装运100吨，6月装运200吨，7月装运200吨。A公司实际出运情况是5月份装运100吨并顺利结汇，6月份因故没有装运，7月份装运400吨。试问A公司能否顺利结汇？为什么？

3. 我国对德国按CFR合同出口一批矿砂，合同规定5—6月份装运，国外来证规定的装运期与合同规定一致，未就是否允许分批装运和转船给予规定。但在履行合同的过程中，我方在租船订舱时发生困难，因出口量大一时租不到足够的舱位，须分三次装运。问在这种情况下，是否需要国外修改信用证的装运条款？

4. 我国对日本出口3 000公吨大米，国外开来信用证规定不允许分批装运。如果我方在规定的期限内分别在广州港、深圳港各装1 000公吨于同一航次的同一船上，提单注明了不同的装运地和不同的装船日期。请问这是否违约？银行能否议付？

5. 我某外贸公司与国外某客户达成一笔出口童装的合同。信用证的到期日为7月31日，最迟装运期为6月16日，证中未规定交单期。出口人备妥货物安排出运的时间是6月10日，当出口人将单据备齐于7月20日向银行交单议付时，银行以过期提单拒付货款。问：银行的拒付有无道理？

模块六 合同条款的内容及拟定（四）——货物运输保险条款

【技能训练目标】

1. 知识目标

（1）理解、掌握海运保险承保范围中风险、损失、费用的种类和含义

（2）掌握保险费的计算方法

（3）掌握保险条款的订立要求

2. 技能目标

（1）能根据不同的贸易背景选择投保适当的货物保险险别

（2）能正确订立完整的保险条款

（3）能正确计算保险金额、保险费

【技能训练重难点】

1. 学会分析海运保险承保范围中风险、损失、费用的种类和含义

2. 学会根据实际业务情况，订立合同中的保险条款

3. 学会根据货物运输的实际情况计算货物运输保险费

4. 学会根据保险责任的起讫条款，分析不同案情下保险公司所承担的保险责任

【技能训练内容】

一、填空题

1. 海上风险一般包括____________和____________。

2. 海上损失根据损失的程度分为____________和____________。

3. CIC是____________的英文简称，根据中国人民保险公司的规定，基本险包括________、________、________。

4. 附加险别主要包括____________和____________。

5. 按照损失的性质，可将海损分为____________和____________两种。

6. 根据我国《海洋货物运输保险条款》，海运货物保险险别分为________和________两类。

7. 根据我国现行的《海洋货物运输保险条款》的规定，基本险别包括________、

________和________三种。

8. 根据中国人民保险公司《海洋货物运输保险条款》规定，保险公司对基本险承保的责任起讫均采用________。

9. 保险公司的战争险的保险期限仅限于________或运输工具危险。

10. 根据我国《海洋货物运输保险条款》，海运货物的索赔期限，从被保险货物运抵目的港全部卸离海轮之日起算，最多不超过________。

11. 英国现行的“协会货物条款”共规定了六种险别，它们是________、________、________、________、________和________。

二、单项选择题

1. 海洋货物运输保险中，一切险的承保责任一般适用于(　　)。

A. 品质公差条款　　B. 溢短装条款

C. “仓至仓”条款　　D. 立即装运条款

2. 根据我国《海洋货物运输保险条款》规定，“一切险”包括(　　)。

A. 平安险加十一种一般附加险　　B. 一切险加十一种一般附加险

C. 水渍险加十一种一般附加险　　D. 十一种一般附加险加特殊附加险

3. 在海洋运输货物保险业务中，共同海损(　　)。

A. 是部分损失的一种　　B. 是全部损失的一种

C. 有时为部分损失，有时为全部损失　　D. 是推定全损

4. 按国际保险市场惯例，投保金额通常在 CIF 总值的基础上(　　)。

A. 加一成　　B. 加二成　　C. 加三成　　D. 加四成

5. “仓至仓”条款是(　　)。

A. 承运人负责运输起讫的条款

B. 保险人负责保险责任起讫的条款

C. 出口人负责缴获责任起讫的条款

D. 进口人负责付款责任起讫的条款

6. CIC“特殊附加险”是指在特殊情况下，要求保险公司承保的险别(　　)。

A. 一般可以单独投保

B. 不能单独投保

C. 可单独投保两项以上的“特殊附加险”

D. 在被保险人统一的情况下，可以单独投保

7. 某批出口货物投保了水渍险，在运输过程中由于雨淋货物遭受部分损失，这样的损失保险公司将(　　)。

A. 负责赔偿整批货物

B. 负责赔偿被雨淋湿的部分

C. 不给予赔偿

D. 在被保险人同意的情况下，保险公司负责赔偿被雨淋湿的部分

8. 以 CIF 术语达成的交易，如信用证没有特别规定，保险单的被保险人一栏应填写(　　)。

A. 开证申请人的名称　　B. 受益人的名称

C. TO ORDER　　D. TO WHOM IT MAY CONCERN

9. 我方按 CIF 条件成交一批罐头食品，卖方投保时，按下列(　　)投保是正确的。

A. 平安险＋水渍险　　B. 一切险＋偷窃提货不着险

C. 水渍险＋偷窃提货不着险　　D. 平安险＋一切险

10. 某公司按 CIF 出口一批货物，但因海轮在运输途中遇难，货物全部灭失，买方(　　)。

A. 可借货物未到岸之事实而不予付款

B. 应该凭卖方提供的全套单据付款

C. 可以向承运人要求赔偿

D. 由银行决定是否付款

11. 我某公司出口稻谷一批，因保险事故被海水浸泡多时而丧失其原有用途，货到目的港后只能低价出售，这种损失属于(　　)。

A. 单独损失　　B. 共同损失　　C. 实际全损　　D. 推定全损

12. 有一批出口服装，在海上运输途中，船体触礁导致服装严重受浸，如果将这批服装漂洗后再运至原定目的港，费用将超过服装的保险价值，这批服装应属于(　　)。

A. 共同海损　　B. 实际全损　　C. 推定全损　　D. 单独海损

三、多项选择题

1. 海上货物保险中，除合同另有约定外，哪些原因造成货物损失，保险人不予赔偿？(　　)

A. 交货延迟　　B. 被保险人的过失

C. 市场行情变化　　D. 货物自然损耗

2. 出口茶叶，为防止运输途中串味，办理保险时，应投保(　　)。

A. 串味险　　B. 平安险加串味险

C. 水渍险加串味险　　D. 一切险

3. 土畜产公司出口肠衣一批，为防止在运输途中因容器损坏而引起渗漏损失，保险时应投保(　　)。

A. 渗漏险　　B. 一切险

C. 一切险加渗漏险　　D. 水渍险加渗漏险

4. 我国海上货物保险的基本险种包括(　　)。

A. 平安险　　B. 战争险　　C. 水渍险　　D. 一切险

5. 共同海损分摊时，涉及的收益方包括(　　)。

A. 货方　　B. 船方　　C. 运费方　　D. 救助方

6. 在我国海洋货物运输保险业务中，下列(　　)险别均可适用“仓至仓”条款。

A. ALL RISKS　　B. WA or WPA　　C. FPA　　D. WAR RISK

7. 运输工具在运输途中发生了搁浅、触礁、沉没等意外事故，意外发生之前或之后货物在海上遭遇恶劣气候、雷电、海啸等自然灾害，由此造成被保险货物的部分损失，属于以下(　　　)的承保范围。

A. 平安险　　B. 水渍险　　C. 一切险　　D. 附加险

8. 我国对外贸易货运保险可分为(　　　)。

A. 海上运输保险　　B. 陆上运输保险

C. 航空运输保险　　D. 邮包运输保险

9. 伦敦保险协会海运货物保险条款所规定的险别中可单独投保的是(　　　)。

A. ICC（A）、ICC（B）、ICC（C）　　B. 协会战争条款

C. 协会罢工条款　　D. 恶意损害条款

10. 共同海损的构成条件有(　　　)。

A. 必须确有共同危险

B. 采取的措施是有意的、合理的

C. 牺牲和费用的支出是非常性质的

D. 构成共同海损的牺牲和费用的开支最终必须是有效的

四、判断题

1. 海上保险业务的意外事故，仅局限于发生在海上的意外事故。(　　)

2. 保险单俗称“大保单”，保险凭证俗称“小保单”，由于保险凭证背面没有列入保险条款，因此它们不具有同等的法律效力。(　　)

3. 我某公司按 CFR 贸易术语进口时，在国内投保了一切险，保险公司的责任起讫应为“仓至仓”。(　　)

4. 在国际贸易中，向保险公司投保一切险后，在运输途中由任何外来因素造成的一切货损，均可向保险公司索赔。(　　)

5. 托运出口玻璃制品时，被保险人在投保一切险后，还应加保破碎险。(　　)

6. 保险公司对陆运战争险的承保责任起讫与海运战争险的承保责任起讫都是“仓至仓”。(　　)

7. 如果被保险货物运达保险单所载明的目的地，收货人提货后即将货物转运，则保险公司的保险责任在转运到达目的地仓库时中止。(　　)

8. 汇票的签发日期应早于保险单的签发日期。(　　)

9. 按照中国人民保险公司现行的保险条款规定，凡已投保了战争险，若再加保罢工险，保险公司不另行增收罢工险的保险费。(　　)

10. 伦敦保险协会指定的“协会货物条款”中的 A 险、B 险和 C 险，其承保的范围与我国海运货物保险的 FPA、WA 和 ALL RISKS 三种险别的承保范围大致相当。(　　)

11. 全部损失分为共同海损和单独海损。(　　)

12. 一切险承保的是所有海上风险。(　　)

13. 水渍险承保包括淡水雨淋引起的损失。（ ）
14. 在任何情况下，平安险都不包括自然灾害引起的部分损失。（ ）
15. 陆运运输保险的主要险别包括陆运险、陆运一切险两种。（ ）

五、计算题

1. 某公司出口一批商品到香港，货价 1 000 港元/件，运费 70 港元/件，加一成投保一切险和战争险，费率分别为 0.25% 和 0.03%，请计算每件商品的投保金额和保险费。

2. 某货主在货物装船前，按发票金额的 110% 办理了货物投保手续，投保一切险加保战争险。该批货物以 CIF 成交的总价值为 20.75 万美元，一切险和战争险的保险费率合计为 0.6%。请计算：

（1）该货主应缴的保险费是多少？

（2）若发生了保险公司承保范围内的风险，导致该批货物全部灭失，保险公司的最高赔偿金额是多少？

3. 我方以 50 美元/袋 CIF 新加坡出口某商品 1 000 袋，货物出口前，由我方向中国人民保险公司投保的水渍险、串味险及淡水雨淋险的保险费率分别为 0.6%、0.2% 和 0.3%，按发票金额 110% 投保。该批货物的投保金额和保险费各是多少？

4. 某公司出口货物一批，原报价 USD 2 000/公吨 CIF C 3% Sydney，客户要求改报 CFR C 5% Sydney，按发票金额的 110% 投保一切险加保战争险。经查，一切险和战争险的保险费率分别为 0.8% 和 0.4%。请计算 CFR C 5% Sydney 的价格。

5. 我出口某商品净重 100 公吨，装 5 000 箱，每箱单价为 89 美元，加一成投保一切险，货到目的港后，买方发现除短少 5 箱外，还短量 380 千克。问：保险公司负责赔偿的金额是多少？

六、案例分析题

1. 我某公司按 CIF 出口银铃牌 45 头餐具 100 箱，投保平安险。在装船时有 10 箱因吊钩脱落而落海。

（1）对此损失保险公司是否应赔付，为什么？

（2）如果按 CFR 条件成交，结果又如何？

2. 我某公司按 CIF 向欧洲出口棉布一批，根据合同规定投保水渍险。海运途中，因舱内食用水管漏水，其中 30 包遭受水渍。问：保险公司对此损失是否应赔偿？为什么？

3. 某货轮在航行途中因电线走火，第三舱内发生火灾，经灌水灭火后统计损失，被火烧毁货物价值 5 000 美元，因灌水救火被水浸坏货物损失 6 000 美元。该轮船长宣布共同海损，试根据上述案例分析回答下列问题：

（1）该轮船长宣布共同海损是否合理？

（2）被火烧毁的货物损失 5 000 美元船方是否应负责赔偿，理由是什么？

（3）被水浸坏的货物损失 6 000 美元属什么性质的损失？应由谁负责？

4. 我某公司出口花生糖一批，投保一切险。由于货轮陈旧，速度慢，加上沿途揽载，结果航行三个月才到达目的港。卸货后，花生糖因受热时间过长全部潮解，无法销售。请问这种情况保险公司是否应赔偿？为什么？

5. 我方按 CIF 纽约出口冷冻羊肉一批，合同规定投保一切险加战争险、罢工险。货到纽约后，适逢码头工人罢工，货物因港口无法作业不能卸载。第二天货轮无法补充燃料，以致冷冻设备停止工作。等到第五天罢工结束，该批羊肉已变质。请问进口商向保险公司索赔是否合理？

模块七　合同条款的内容及拟定（五）——支付条款

【技能训练目标】

1. 知识目标

（1）掌握汇票、支票和本票等支付工具的含义、种类和基本内容

（2）掌握汇付、托收和信用证等支付方式的含义、特点、基本内容及业务操作流程

2. 技能目标

（1）会正确分析不同结算方式对各当事人的利弊，能根据业务的实际需要合理选择结算方式

（2）会运用所学知识，起草合同中的支付条款

【技能训练重难点】

1. 汇票的含义、种类

2. 汇付、托收和信用证等支付方式的含义、特点、基本内容及操作流程

3. 合同中支付方式的合理选择及支付条款的拟定

【技能训练内容】

一、填空题

1. 国际贸易结算中常用的票据有____________、____________、____________。

2. 汇票按出票人不同分为____________________和____________________；按付款人付款时间不同又分为_______________和____________________。

3. 国际贸易结算中常用的支付方式有__________、__________、____________。

4. 付款交单的英文简称是____________，信用证的英文简称是____________，T/T 的含义是____________。

5. 汇付有三种方法可选，即____________、____________、____________。

6. 预付货款、随订单付款和赊销业务中一般采用____________支付方式。

7. 托收按出口方交单条件不同可分为______________________________和________________________。

8. 调整托收业务及当事人之间关系的国际惯例是 1996 年实施的国际商会__________号出版物《____________________________》，简称《______________________》。

9. 信用证业务涉及的主要当事方有____________________、______________、____________、____________等。

10. 现行的调整信用证业务及当事人关系的国际惯例是由_________________制定的、于2007年7月1日正式实施生效的《_________________________________》，简称《___________________》。

二、单项选择题

1. A公司向B公司出口一批货物，B公司通过C银行开给A公司一张不可撤销的即期信用证，当A公司于货物装船后持全套货运单据向银行办理议付时，B公司倒闭，C银行(　　)。

A. 仍应承担付款责任

B. 有权推迟付款，推迟时间可由A、C双方协商

C. 将信用证改为托收

D. 可以B公司倒闭为由拒绝付款

2. 在托收项下，单据的缮制通常以(　　)为依据。

A. 发票　　B. 提单　　C. 信用证　　D. 合同

3. 根据《URC522》的规定，D/A 90天远期的结算方式，代收行应在(　　)交单。

A. 进口商承兑汇票后　　B. 进口商支付货款后

C. 货物到达目的港后　　D. 收到单据后5个工作日内

4. 下列关于信用证的描述哪一项是正确的？(　　)

A. 无条件的书面付款承诺　　B. 无条件的书面付款命令

C. 有条件的书面付款命令　　D. 有条件的书面付款承诺

5. 在国际贸易支付中，托收是商业信用，信用证是银行信用，(　　)。

A. 前者使用的是银行汇票，后者使用的是商业汇票

B. 两者使用的汇票都是商业汇票

C. 前者使用的是商业汇票，后者使用的是银行汇票

D. 两者使用的汇票都是银行汇票

6. 出口人开具的汇票，如遭付款人拒付时(　　)。

A. 开证行有权行使追索权　　B. 保兑行有权行使追索权

C. 议付行有权行使追索权　　D. 通知行有权行使追索权

7. 根据《URC522》的分类，(　　)不属于进口方要求说明货物及相关情况的单据。

A. 原产地证明书　　B. 装箱单或重量单

C. 寄单或寄样证明　　D. 装运通知

8. 信用证项下汇票的付款人一般为(　　)。

A. 通知行　　B. 开证行或开证行指定付款行

C. 开证申请人　　D. 开证行

9. 信用证经保兑后，保兑行(　　)。

A. 只有在开证行没有能力付款时，才承担保证付款的责任
B. 和开证行一样，承担第一性付款责任
C. 须和开证行商议决定双方各自的责任
D. 只有在买方没有能力付款时，才承担保证付款的责任

10. 以下支付方式对出口商而言风险从小到大的排列顺序是(　　)。
A. D/A < D/P at sight < 30% 装运前 T/T + 70% L/C at sight < 装运前 T/T
B. 装运前 T/T < 30% 装运前 T/T + 70% L/C at sight < D/P at sight < D/A
C. D/A < 30% 装运前 T/T + 70% L/C at sight < D/P at sight < 装运前 T/T
D. 装运前 T/T < D/P at sight < 30% 装运前 T/T + 70% L/C at sight < D/A

11. 接受汇出行的委托将款项解付给收款人的银行是(　　)。
A. 转递行　B. 代收行　C. 托收银行　D. 汇入行

12. 国际商会的以下出版物中，适用于托收的是(　　)。
A. UCP600　B. ISBP681　C. URC522　D. INCOTERMS2010

13. 信用证上若未注明汇票的付款人，根据《UCP600》的解释，汇票的付款人应是(　　)。
A. 出口商　B. 开证行　C. 议付行　D. 开证申请人

14. A 银行开立一份信用证，委托 B 银行担任通知行，由于 B 银行无法直接通知受益人，经联系受益人后，A 银行将信用证发送给 C 银行，由 C 银行通知受益人。在此笔业务中，上述哪家银行是《UCP600》认可的通知行？(　　)
A. A 银行　B. B 和 C 银行　C. B 银行　D. C 银行

15. 汇款方式主要包括信汇、电汇和票汇三种，(　　)。
A. 汇款方式属商业信用
B. 信汇属商业信用，电汇和票汇属银行信用
C. 汇款方式属银行信用
D. 信汇、电汇属商业信用，票汇因为使用银行汇票，所以属银行信用

16. 某公司签发一张汇票，上面注明“At 45 days after sight”，则这是一张(　　)。
A. 即期汇票　B. 光票　C. 跟单汇票　D. 远期汇票

17. 当汇票不附带单据时，称为(　　)。
A. 商业汇票　B. 光票　C. 清洁汇票　D. 跟单汇票

18. UCP600 categorizes L/Cs into four types. Which type of L/C does not fall into that categorization? (　　)
A. confirmation L/C　B. negotiation L/C
C. sight payment L/C　D. acceptance L/C

19. D/A 付款条件下，出口商汇票上的受票人应是(　　)。
A. 进口商　B. 出口商　C. 托收行　D. 代收行

20. 承兑是(　　)对远期汇票表示承担到期付款责任的行为。
A. 收款人　B. 付款人　C. 出口人　D. 开证行

21. L/C 与托收相结合的支付方式，其全套货运单据应(　　)。

A. 随信用证项下的汇票

B. 50%随信用证项下的汇票，50%随托收项下的汇票

C. 随托收项下的汇票

D. 单据与票据分列在信用证和托收汇票项下

22. 国外开来的不可撤销信用证规定，汇票的付款人为开证行，货物装船完毕后，闻悉申请人已破产倒闭，则(　　)。

A. 由于付款人破产，货款将落空

B. 可立即通知承运人行使停运权

C. 只要单证相符，受益人仍可从开证行取得货款

D. 待付款人财产清算后方可收回货款

23. D/P at sight 指的是(　　)。

A. 远期付款交单　　B. 即期付款交单

C. 跟单托收　　D. 承兑交单

24. 对于卖方而言，具有双重付款保证的信用证指的是(　　)。

A. 循环信用证　B. 跟单信用证　C. 保兑信用证　D. 可转让信用证

25. 支票是以银行为付款人的(　　)。

A. 即期汇票　B. 远期汇票　C. 即期本票　D. 远期本票

26. 在补偿贸易或易货贸易中经常使用的信用证是(　　)。

A. 循环信用证　B. 对开信用证　C. 对背信用证　D. 红条款信用证

27. 开证申请书体现了开证申请人与开证行之间的契约关系，信用证体现了(　　)之间的契约关系。

A. 开证申请人与通知行　　B. 托收银行与受益人

C. 开证银行与受益人　　D. 开证申请人与受益人

三、多项选择题

1. 在国际贸易中，常用于中间商转售货物交易的信用证是(　　　)。

A. 循环信用证　　B. 对背信用证

C. 可转让信用证　　D. 对开信用证

2. 因下列哪些情况开证行有权拒付票款？(　　　)

A. 单据与货物有出入　　B. 单据与单据相互之间不符

C. 单据内容与合同条款不符　　D. 单据内容与信用证条款不符

3. 常见的规定远期汇票起算日期的方法有(　　　)。

A. 自出票日起算　　B. 自开证日起算

C. 自见票日起算　　D. 自提单日起算

4. 在信用证业务的有关当事人之间，存在契约关系的有(　　　)。

A. 开证申请人与受益人　　B. 开证申请人与开证行

C. 受益人与开证行　　D. 开证申请人与通知行

5. 远期汇票使用的一般程序有(　　　　)。

A. 承兑　　B. 付款　　C. 贴现　　D. 提示

6. 对信用证与合同关系的表述正确的是(　　　　)。

A. 信用证业务的处理受买卖合同的约束

B. 合同是审核信用证的依据

C. 信用证的开立以买卖合同为依据

D. 信用证业务的处理不受买卖合同的约束

7. 远期信用证和假远期信用证的区别在于(　　　　)。

A. 信用证条款不同　　B. 利息的承担者不同

C. 开证基础不同　　D. 收汇的时间不同

8. 信用证支付方式的特点是(　　　　)。

A. 信用证是一种商业信用　　B. 信用证是一种银行信用

C. 信用证是一种单据的买卖　　D. 信用证是一种自足的文件

9. 按照有无随附单据，汇票可分为（　　　　）。

A. 即期汇票　　B. 远期汇票　　C. 光票　　D. 跟单汇票

10. 在国际贸易货款的收付中，使用的票据主要有（　　　　）。

A. 汇票　　B. 本票　　C. 支票　　D. 发票

11. 在跟单托收业务中，根据交单条件的不同可以将托收分为(　　　　)。

A. 提示交单　　B. 见票交单　　C. 付款交单　　D. 承兑交单

12. 汇付支付方式可以分为(　　　　)。

A. 汇款　　B. 信汇　　C. 电汇　　D. 票汇

13. 根据《UCP600》规定，银行在处理信用证业务时应做到(　　　　)。

A. 不管单据　　B. 不管贸易合同

C. 不管货物　　D. 不管买卖双方是否已对合同履约

14. 汇票的收款人的抬头方式一般有(　　　　)。

A. 指示性抬头　　B. 限制性抬头

C. 持票人抬头　　D. 来人抬头

15. D/A 方式下，不属于代收行将单据交给付款人的条件的是(　　　　)。

A. 付款人承兑后　　B. 付款人付款后

C. 付款人提货后　　D. 付款人核对单据后

四、判断题

1. 汇票、本票、支票都可分为即期和远期两种。（　　）

2. 信用证支付方式属于银行信用，所使用的汇票是银行汇票。（　　）

3. 托收支付方式属于商业信用，所使用的汇票是商业汇票。（　　）

4. 在票汇情况下，买方购买银行汇票径寄卖方，因采用的是银行汇票，故这种付款方式属于银行信用。（　　）

5. 国外开来信用证规定货物数量为 3 000 箱，6/7/8 月，每月平均装运。我出口公司于 6 月份装运 1 000 箱，并收妥款项。7 月份由于货未备妥，未能装运。8 月份装运 2 000 箱。根据《UCP600》的规定，银行不得拒付。（　　）

6. Drawee 是指汇票的出票人，一般情况下是开证行或开证行指定的银行。（　　）

7. 信用证修改通知有多项内容时，只能全部接受或全部拒绝。（　　）

8. 按《UCP600》的规定，可转让信用证只能转让一次。但第二受益人将信用证再转让给第一受益人，不属于被禁止转让的范畴。（　　）

9. 可转让信用证办理转让后，买卖合同也随之由第一受益人转让给第二受益人。（　　）

10. D/A 30 天比 D/P 30 天付款对出口商来说承担的风险更大。（　　）

11. 付款交单和承兑交单对卖方来说都有一定风险，但承兑交单最易被买方接受，有利于达成交易。所以，在进出口业务中，应扩大对承兑交单的使用。（　　）

12. 银行汇票和商业汇票的主要区别在于：前者的出票人和付款人都是银行，后者的出票人和付款人都是工商企业。（　　）

13. 国外开来信用证规定最迟装运期为 4 月 30 日，有效期为 5 月 15 日，我外贸公司于 4 月 12 日将货物装船并取提单，于 5 月 6 日向议付行提交符合信用证规定的单据。按《UCP600》的规定，银行应予议付。（　　）

14. 在承兑交单情况下，是由代收行对汇票进行承兑后，向进口商交单。（　　）

15. 托收是商业信用，所使用汇票是商业汇票，信用证是银行信用，所使用汇票是银行汇票。（　　）

16. 信用证是一种由银行开立的无条件的付款承诺的书面文件。（　　）

17. 在保兑信用证下，就付款责任而言，开证行和保兑行同样负第一性付款责任。（　　）

18. 根据《UCP600》的规定，凡信用证上未注明可否转让字样，即视为可转让信用证。（　　）

19. 汇票经背书后，汇票的收款权利转让给背书人，背书人若日后遭到拒付，可以向前手行使追索权。（　　）

20. 承兑是出票人的行为。（　　）

五、案例分析题

1. 我某出口公司对日成交女上衣 1 000 件。合同规定绿色和红色面料的上衣按 4∶6 搭配，亦即绿色 400 件，红色 600 件。后我方收到的信用证显示数量为 1 000 件，红色 40%，绿色 60%。但该出口公司仍按合同规定的花色比例装船出口，遭银行拒付。

问：（1）银行拒付是否有理？为什么？

（2）收到信用证后我方应该如何处理？

2. 我国 A 外贸公司向英国 B 公司出口茶叶 600 公吨，合同规定：4—6 月份内分批装运。B 公司按时开来信用证。证内规定：Shipment during April/June，April shipment 100M/

T，May shipment 200M/T，June shipment 300M/T。我国A公司实际出运情况是：4月份装出100M/T，并顺利接汇。5月份因故未能装出，6月份装运500M/T。试问：A外贸公司6月份出运后能否顺利结汇？为什么？

3. 我国某贸易公司在广交会上与日本某贸易公司签订了一份出口花生的贸易合同，合同规定8月份装运，凭即期不可撤销信用证付款。7月20日，我方收到中国银行转来的由日本东京银行开立的不可撤销即期信用证，证中规定的付款银行为纽约花旗银行。8月2日，我方装运完毕，此时收到日本贸易公司倒闭的消息。问：我方能否凭单从付款银行得到偿付？

4. 我国某进出口贸易有限公司向马来西亚某贸易公司出口一批罐头食品。合同规定6月份装船，付款条件为D/A见票后30天付款。卖方于6月4日装船完毕，6月10日向托收银行办理D/A 30天托收。6月15日买方在汇票上履行了承兑手续。货抵目的港后，买方提取货物并出售，但亏损严重。7月15日汇票到期，买方借故提出拒付。我方只好委托我方驻外机构直接与买方谈判，最终该批货物以折价20%、货款在第二年分三次偿还而结案，我方公司损失严重。问：我方应从此事件吸取什么教训？

5. 我国广东省东莞市某轻工产品进出口公司向外国某公司进口一批小家电产品，货物分两批装运，支付方式为不可撤销议付信用证，每批分别由中国银行某分行开立一份信用证。第一批货物装运后，卖方在有效期内向银行交单议付，议付行审单后，未发现不符点，即向该商议付货款，随后中国银行对议付行作了偿付。东莞公司在收到第一批货物后，发现货物品质不符合合同规定，进而要求中国银行对第二份信用证项下的单据拒绝付款，但遭到中国银行的拒绝。问：中国银行这样做是否合理？为什么？

6. 我国某轻工进出口公司向国外客户出口某商品一批，合同中规定以即期不可撤销信用证为付款方式，信用证到期地点规定在我国。为保证款项的收回，应议付行的要求，我方请香港某银行对中东某行（开证行）开立的信用证加以保兑。在合同规定的开证时间内，我方收到通知银行（即议付行）转来的一张即期不可撤销保兑信用证。我方在货物装运后，将有关单据交议付银行议付。不久接保兑行通知："由于开证行已破产，我行将不承担该信用证的付款责任。"问：

（1）保兑行的做法是否正确？为什么？

（2）对此情况，我方应如何处理？

六、操作题

1. 请根据下述信用证部分内容填写汇票。

FROM：COMMERCIAL BANK OF CEYLON LIMITED

COMMERCIAL HOUSE，21 BRISTOL STREET，P. O. BOX 853，COLOMBO，SRI LANKA

TO：BANK OF CHINA，GUANGZHOU BRANCH

ISSUE OF A DOCUMENTARY CREDIT

L/C NO. ：CBCL34. 1520

DATE OF ISSUE : NOV. 18, 2014
EXPIRY DATE : JAN. 18, 2015, PLACE: CHINA
APPLICANT : RAIN DREANS I/E CORP. NO. 80, MOSQUE ROAD, GORAKANA, MORATUWA. SRI LANKA
BENEFICIARY : GUANGDONG TEXTILES IMP. AND EXP. TRADING CO., LTD.
7/F GUANGDONG TEXTILES MANSION, NO. 168 XIAO BEI ROAD, GUANGZHOU, CHINA
AMOUNT : USD 30, 000. 00 (SAY US DOLLARS THIRTY THOUSAND ONLY.)
AVAILABLE WITH/BY : ANY BANK BY NEGOTIATION AGAINST THE DOCUMENTS DETAILED HEREIN AND BENEFICIARY'S DRAFTS AT SIGHT DRAWN ON US
UNDER L/C NO. CBCL34. 1520

……

F14

凭
Drawn under ______(1)______
信用证 第 号
L/C No. ______(2)______
日期 年 月 日
Dated ______(3)______
按 息 付 款
Payable with interest @ ______ % per annum
号码 汇票金额 中国 广州 年 月 日
No. ______ Exchange for (4) Guangzhou, China ______20______
见票 日后（本汇票之副本未付）付交
At ______(5)______ sight of this FIRST of Exchange (Second of exchange being unpaid)
Pay to the order of ______(6)______ 或其指定人
金 额
the sum of ______(7)______
此致
To ______(8)______

______(9)______

2. 阅读下列信用证，找出信用证有关信息。

ISSUE OF A DOCUMENTARY CREDIT

TO		HONG FENG BANK LTD. , SHANGHAI BRANCH
FROM		NORDEA BANK, SWEDEN
MT700		
SEQUENCE OF TOTAL	27:	1/1
DOC. CREDIT NO.	20:	668 – 01 – 3042855
DATE OF ISSUE	31C:	140114
EXPIRY DATE AND PLACE	31D:	DATE: MAR 15, 2014 PLACE: CHINA
APPLICANT	50:	KOSCO FOERETA 6 S – 23237 ARLOEV SWEDEN
BENEFICIARY	59:	SHANGHAI YIYANG INTERNATIONAL TRADING LTD. 68/FL, FLAT F, PUDONG PLAZA SHANGHAI, CHINA
AMOUNT	32B:	USD 26, 310.00
AVAILABLE WITH/BY	41A:	ANY BANK BY NEGOTIATION
DRAFT AT……	42C:	AT SIGHT
DRAWEE	42A:	ISSUING BANK
PARTIAL SHIPMENTS	43p:	ALLOWED
TRANSSHIPMENT	43T:	NOT ALLOWED
LOADING IN CHARGE	44A:	CHINESE PORTS
FOR TRANSPORT TO	44B:	GOTHENBURG, SWEDEN
LATEST DATE OF SHIPMENT	44C:	FEB. 28, 2014
DESCRIPTION OF GOODS	45A:	LEATHER GLOVE AS PER S/C NO. 2013KG02 350 AND JYSK ORDER 4500341081 8400 PCS ART 3900300 USD 1.25/PC 15510 PCS ART 3901400 USD 1.02/PC CIF GOTHENBURG (INCOTERMS 2000)
DOCUMENTS REQUIRED	46A:	+ 1 SIGNED ORIGINAL COMMERCIAL INVOICE AND 5 COPIES
		+ PACKING LIST IN 2 COPIES
		+ FULL SET OF CLEAN ON BOARD MARINE BILLS OF LADING, MADE OUT TO ORDER OF ISSUING BANK, MARKED "FREIGHT PREPAID" AND NOTIFY APPLICANT (AS INDICATED ABOVE); MENTIONING L/C NO.
		+ GSP CERTIFICATE OF ORIGIN FORM A, CERTIFYING GOODS OF ORIGIN IN CHINA, ISSUED BY COMPETENT AUTHORITIES

（续上表）

		+ INSURANCE POLICY/CERTIFICATE COVERING F. P. A OF PICC, INCLUDING WAREHOUSE TO WAREHOUSE CLAUSE UP TO FINAL DESTINATION AT GOTHENBURG, FOR AT LEAST 110 PCT OF CIF – VALUE. SHOWING CLAIMS PAYABLE IF ANY IN SWEDEN.
ADDITIONAL CONDITONS	47A:	+ ALL DOCUMENTS MUST BE ISSUED IN ENGLISH
		+ MULTIMODAL TRANSPORT DOCUMENTS ACCEPTABLE EVIDENCING SHIPMENT CLEAN ON BOARD ON A NAMED VESSEL
		+ BILL OF LADING MUST SHOW CONTAINER NUMBER
		+ P/L (PACKING LIST) MUST BE SPECIFIED PER ART NO. AND CONTAINER NO.
DETAILS OF CHARGES	71B:	ALL COMMISSION AND CHARGES OUTSIDE SWEDEN ARE FOR ACCOUNT OF BENEFICIARY. OUR CHARGES WILL BE DEDUCTED/CLAIMED AT THE TIME OF PAYMENT, NEGOTIATION OR EXPIRY.
PRESENTATION PERIOD	48:	DOCUMENTS TO BE PRESENTED WITHIN 15 DAYS AFTER THE DATE OF SHIPMENT, BUT WITHIN THE VALIDITY OF THE CREDIT.
CONFIRMATION INSTRUCTIONS	49:	WITHOUT
INFO. TO PRESENTATING BK	79:	ON RECEIPT OF MAIL ADVICE OF NEGOTIATION, WE SHALL COVER AS PER INSTRUCTIONS RECEIVED.
THIS CREDIT IS SUBJECT TO UCP (2007 REVISION), ICC PUBL NO. 600		

（1）信用证的号码：________

（2）信用证的开立日期：________

（3）信用证的有效期与到期地点：________

（4）信用证的金额：________

（5）信用证的付款人：________

（6）信用证的付款期限：________

（7）信用证的类型：________

（8）开证行：________

(9) 通知行：__________
(10) 开证申请人：__________
(11) 受益人：__________
(12) 装运港：__________
(13) 目的港：__________
(14) 货物名称：__________
(15) 货物数量：__________
(16) 单据要求：__________

____

(17) 交单期限：__________

3. 请根据下面已填写好的托收汇票，找出相关内容。

BILL OF EXCHANGE

号码 汇票金额 上海 年 月 日

No. BLK356 Exchange for USD 56 000. 00 Shanghai. OCT. 17, 2014

见票 日后（本汇票之副本未付）付交

At 90 DAYS AFTER sight of this FIRST of Exchange (Second of exchange being unpaid)

pay to the order of BANK OF CHINA, SHANGHAI BRANCH 或其指定人

金 额

the sum of SAY U. S. DOLLARS FIFTY SIX THOUSAND ONLY

此致

To MITSUBISHI TRUST & BANKING CO., LTD.
4-5 MARUNOUCHI1-CHOME
CHIYODA-KU, TOKYO 100, JAPAN

CHINA NATIONAL ANIMAL BY PRODUCTS
IMP. & EXP. CORP. SHANGHAI BRANCH

(1) 汇票出票人、付款人分别是谁?
(2) 汇票是即期还是远期?
(3) 汇票一般签发几份?
(4) 该笔托收业务的托收行是谁?

4. 2014年6月13号，江苏宏达食品进出口公司外贸业务员李伟与新加坡某老客户洽谈了一笔50 000美元的业务，因该项交易的产品是公司当前库存积压产品，李伟在没有降价的情况下，作出了支付条件的让步。请帮李伟拟定出合同可能的支付条款。

模块八　合同条款的内容及拟定（六）——纠纷预防与处理条款

【技能训练目标】

1. 知识目标

（1）了解国际贸易商品检验的机构及证书的作用

（2）了解国际贸易异议与索赔的基本内容

（3）理解不可抗力的含义及其构成条件

（4）理解仲裁的含义

2. 技能目标

（1）熟悉并能办理出口商品报检手续

（2）学会收集索赔资料、办理索赔手续

（3）能对不可抗力案情进行判断和分析

（4）能订立合同中的商品检验、索赔与理赔、不可抗力和仲裁条款

【技能训练重难点】

1. 学会商品检验时间和地点的规定办法
2. 学会办理索赔的依据及流程
3. 学会分析不可抗力事件的范围
4. 了解仲裁的程序
5. 学会罚金条款的使用
6. 学会根据实际情况对不可抗力事件进行认定

【技能训练内容】

一、填空题

1. 商品检验是指对卖方交付货物的__________、__________和__________进行检验和鉴定，以确定卖方所交货物是否符合买卖合同的规定。

2. 离岸品质与离岸重量是指出口货物在____________________，以双方约定的装运港商检机构验货后出具的品质、重量、数量和包装等检验证明，作为决定商品品质、重量和数量的最后依据。

3. 不可抗力条款是一种__________条款。

4. 国际贸易中解决争议的办法有友好协商、调节、____________、____________。

5. 我国商检机构的三项作用是____________、____________和鉴定业务。

二、单项选择题

1. 导致争议发生的原因是(　　)。

A. 物价变动　　B. 包装破裂　　C. 汇率变动　　D. 政策变动

2. 在 FOB 合同的履行中，因港口设备问题导致数件货物的包装在码头仓库破损，买方收货后发现货物受损，应该向(　　)索赔。

A. 卖方　　B. 船长　　C. 港务　　D. 保险公司

3. 在 CIF 合同的履行中，码头工人违反规定装运，导致数件货物包装破损，买方收货后发现货物受损，应该向(　　)索赔。

A. 港务　　B. 船长　　C. 卖方　　D. 保险公司

4. 在国际货物贸易中出现的索赔，可以包括(　　)。

A. 贸易索赔　　B. 运输索赔　　C. 保险索赔　　D. 以上三者

5. 不可抗力事件是指当事人(　　)。

A. 不能预见和避免的事件

B. 不能预见、不能避免、不能克服的事件

C. 不能预见和避免，但能克服的事件

D. 可预见但不能避免的事件

6. 在合同签订以后发生的意外事件，通常被认为(　　)。

A. 构成不可抗力

B. 不构成不可抗力

C. 要根据意外事件的发生是否符合不可抗力的条件来判断是否属不可抗力

D. 要根据意外事件的严重性来判断是否属不可抗力

7. 造成“人力不可抗拒”的原因在国际上的解释为(　　)。

A. 自然灾害、社会异常和政府行为　　B. 自然灾害和政府行为

C. 自然灾害　　D. 无统一解释

8. 按照国际惯例，索赔都有一定期限，超过期限的索赔为(　　)。

A. 无效　　B. 有效

C. 双方协商后确定　　D. 由理赔方决定

9. 不可抗力事件的证明文件在我国由(　　)出具。

A. 外经贸部　　B. 出入境检验检疫局

C. 海关　　D. 中国国际贸易促进委员会

10. 在美国，习惯上称“不可抗力事件”为(　　)。

A. 人力不可抗拒　　B. 免责条款

C. 情势变化　　D. 意外事故条款

11. 我方与外商按 CIF 条件成交某商品 1 000 打，允许卖方有 5% 溢短装幅度，我方实

际装 1 000 打（提单也载明 1 000 打），货抵目的港后，买方即来函反映仅收到 948 打，同时也取得船公司短少证明，向我方索赔。我方的正确答复应是(　　)。

A. 同意补装 52 打货物　　B. 同意退 52 打的货款

C. 请其与船公司或保险公司联系　　D. 请其与银行联系

12. 我国某粮油进出口公司与美国西部某公司签订进口西部该州小麦的合同，数量为 10 万公吨。小麦收割前该州暴雨成灾，小麦歉收 50%，天灾属于不可抗力条款范畴，美方据此要求免除交货责任。我方应(　　)。

A. 视为构成不可抗力，解除合同

B. 视为构成不可抗力，要求推迟到下一年度交货或少交货

C. 不视为构成不可抗力，要求美方按时履行合同

D. 与卖方协商

13. 在贸易中，一方违约，使另一方遭受重大经济损失，受损方依法解除合同后(　　)。

A. 无权再提出损害赔偿要求

B. 有权再提出损害赔偿要求

C. 是否有权再提出损害赔偿要求，要视损失金额大小而定

D. 是否有权再提出损害赔偿要求，要视违约方意见

14. 中国从澳大利亚进口普通大豆 2 万公吨，合同规定交货期为 10 月份。4 月份时，澳方原定的收购地点发生百年未见的洪水，收购计划落空，澳方要求免除交货责任，我方应(　　)。

A. 视为构成不可抗力，解除合同

B. 视为构成不可抗力，要求延期履行合同

C. 不视为构成不可抗力，要求澳方按时履行合同

D. 与卖方协商

15. 罚金的数额通常取决于(　　)。

A. 违约时间的长短　　B. 违约的严重程度

C. 违约事件的起因　　D. 当时当地的政府

16. 仲裁地点应首先选择在(　　)。

A. 本国　　B. 对方国　　C. 第三国　　D. 本国和对方国

17. 仲裁费用的承担者通常为(　　)。

A. 申请仲裁方　　B. 胜诉方　　C. 败诉方　　D. 双方各半

18. 对仲裁判定具有强制执行权的机构为(　　)。

A. 仲裁庭　　B. 贸促会　　C. 国际商会　　D. 法院

三、多项选择题

1. 货到目的港后，发现货物短少，买方可以向(　　　)索赔。

A. 卖方　　B. 承运人　　C. 保险公司　　D. 目的港仓储企业

2. 下列(　　　　)的事件可构成不可抗力。

A. 木材自燃　　B. 价格变动　　C. 政府禁运　　D. 海盗劫货

3. 不可抗力的事件范围较广，起因一般为(　　　　)。

A. 卖方原因　　B. 买方原因　　C. 自然原因　　D. 社会力量

4. 《公约》认为违约的形式可分为(　　　　)。

A. 非根本性违约　　B. 违反要件

C. 根本性违约　　D. 违反担保

5. 对卖方延迟交货常用的救济办法有(　　　　)。

A. 继续履行合同　　B. 解除合同

C. 损害赔偿　　D. 购买替代货物

6. 下列说法正确的有(　　　　)。

A. 索赔依据包括法律依据和事实依据两种

B. 买方的索赔期限实际上也就是买方对货物行使复验权利的有效期限

C. 索赔的期限分为约定索赔期限和法定索赔期限

D. 诉讼是指一方当事人向有管辖权的政府起诉，由政府按法律程序来解决双方的贸易争议

7. 国际货物买卖中，买卖双方的违约可分为(　　　　)。

A. 买方违约　　B. 卖方违约　　C. 买卖双方都违约

8. 仲裁程序主要有(　　　　)。

A. 提出仲裁申请　B. 组织仲裁庭　　C. 审理案件　　D. 作出裁决

9. 我国仲裁协议的法定内容包括(　　　　)。

A. 仲裁事项　　B. 仲裁费用的负担

C. 请求仲裁的意思表示　　D. 选定仲裁委员会

10. 仲裁协议是仲裁机构受理争议案件的必要依据，按照有关规定，仲裁协议(　　　　)。

A. 必须在争议发生之前达成　　B. 只能在争议发生之后达成

C. 可以在争议发生之前达成　　D. 可以在争议发生之后达成

四、判断题

1. 在进出口业务中，进口人收货后发现货物与合同规定不符，在任何时候都可向供货方索赔。(　　)

2. 某公司的进口设备到货后，发现与合同规定不符，但卖方及时对设备进行了修理，使设备达到了原定标准。在此情况下，买方不能提出任何损害赔偿要求。(　　)

3. 买卖双方为解决争议而提请仲裁时，必须向仲裁机构递交仲裁协议，否则，仲裁机构不予受理。(　　)

4. 仲裁裁决是终局的，一方不执行，仲裁庭可强制执行。(　　)

5. 出现不可抗力事件时，遭受事故的一方只要将情况通知对方，即可免除自己对合

同应尽的全部责任和义务。 ( )

6. 调解和仲裁都是自愿的。 ( )

7. 国际上仲裁机构有两种，一种是常设的仲裁机构，一种是临时性的仲裁机构，还有一种是专业性仲裁机构。 ( )

8. 当事人迟延履行合同后发生不可抗力的，也可免除责任。 ( )

9. 由社会原因引起的意外事故，情况比较复杂，应在合同的不可抗力条款中对其是否属于不可抗力具体加以规定。 ( )

10. 我国仲裁法规定，仲裁协议可以是口头形式的，也可以是书面形式的。 ( )

11. 仲裁只要符合法律规定的仲裁程序，仲裁裁决就是最终裁决，对当事人双方都有法律约束力。 ( )

五、简答题

1. 进出口商品为什么要检验？关于检验时间、地点的规定有哪些基本做法？
2. 合同中的商检条款一般包括哪些内容？
3. 什么是不可抗力事件？处理不可抗力事件的原则是什么？
4. 合同中的不可抗力条款有哪几种规定方式？最好采用哪一种方式？
5. 解决争议的办法有哪些？
6. 什么是仲裁？仲裁有什么特点？
7. 仲裁协议有哪些类型？有什么作用？
8. 合同中的仲裁条款主要包括哪些内容？
9. 简述异议索赔条款和罚金条款的用途和主要区别。

六、案例分析题

1. 上海某造纸厂以 CIF 条件向非洲出口一批纸张，因上海与非洲的湿度不同，货到目的地后因水分过分蒸发，纸张无法使用，买方能否向卖方索赔？为什么？

2. 广州某伞厂与意大利客户签订了雨伞出口合同，买方开来的信用证规定，8 月份装运交货，不料 7 月初，该伞厂仓库失火，成品、半成品全部烧毁，以致无法交货。请问：卖方可否援引不可抗力条款要求免交货物？

3. 国内某研究所与日本客户签订一份进口合同，引进一批精密仪器，合同规定 9 月份交货。9 月 15 日，日本政府宣布该仪器为高科技产品，禁止出口。该禁令自公布之日起 15 日后生效。日商来电以不可抗力为由要求解除合同。日商的要求是否合理？我方应如何妥善处理？

4. 合同中的检验条款规定“以装运地检验报告为准”。但货到目的地后，买方发现货物与合同规定不符，经当地商品检验机构出具检验证书后，买方可否向卖方索赔？为什么？

模块九　进出口合同的履行

【技能训练目标】

1. 知识目标

（1）掌握出口合同的履行过程

（2）掌握进口合同的履行过程

2. 技能目标

（1）能根据出口合同，对备货、报检、催证、审证与改证、租船订舱、投保、报关、装运以及制单结汇等环节业务进行协助操作

（2）能根据进口合同，对开立信用证、租船订舱、接运货物、投保货运保险、审单付款、办理进口报关手续、报验与检验进口货物、提取与拨交货物以及进口索赔等环节业务进行协助操作

【技能训练重难点】

1. 信用证支付方式下，CIF 出口合同的履行流程：货、证、船、款四个环节的工作

2. 信用证支付方式下，FOB 进口合同的履行流程：货、证、船、款四个环节的工作

【技能训练内容】

一、填空题

1. 履行以 CIF 和 L/C 成交的出口合同时，卖方的履行环节包括________、________、________和________四个环节。

2. L/C 是根据____________开立的，而审核各种单据的依据是______________。

3. 提单的运费项目，如以 CIF 或 CFR 成交，在提单上应注明____________________________；如以 FOB 成交，则应注明______________________。

4. L/C 方式下，我国出口结汇的方法有三种：______________、________________、______________。

5. 在出口业务中，如采用 L/C 结算方式，除要做到__________一致和__________一致外，还应注意____________和_____________________一致。

6. 若 L/C 中未明确指定付款人，汇票的付款人可填写______________；而在托收业务中，汇票的付款人应填写______________。

7. 在 L/C 业务中，汇票的出票依据通常包含三部分内容，即__________、__________、__________。

8. 在信用证支付方式下，除非另有规定，发票的抬头人应填写__________。

9. 在我国，普惠制产地证明书一般由__________签发。

10. __________是卖方开立的载有货物名称、数量、价格等内容的清单，作为买卖双方交接货物、结算货款的主要单证。

11. 在实际业务中，如买方不按时开来信用证，卖方有必要进行__________工作。

12. 进口合同签订后，进口方按合同规定填写__________向银行办理开证手续。

13. FOB、CFR 条件下，我国进口货物运输保险可分为__________和逐笔保险两种。

14. 进口商在信用证中加列的一些看似对出口商来说无所谓但实际上出口商无法满足的信用证付款条件，这些条件通常称为__________。

15. 装货单（S/O）俗称__________，收货单（M/R）又称__________。

16. 全套结汇单据中，__________处于核心地位，是缮制其他出口单据的主要依据。

17. 制作各种结汇单据的基本要求是__________、__________、__________、__________和__________。

二、单项选择题

1. 在商业单据中，处于中心地位的单据是(　　)。

A. 商业发票　　B. 海关发票　　C. 保险单　　D. 海运提单

2. Which of the following documents MUST be signed? (　　)

A. Commercial invoice　　B. Packing list

C. Weight specification　　D. Certificate of origin

3. 如信用证规定"shipment on or About 15th Oct. 2012"，那么装运期可以是(　　)。

A. 11 号至 20 号　　B. 10 号至 19 号

C. 10 号至 20 号　　D. 11 号至 19 号

4. 下列有关日期表述正确的是(　　)。

A. 汇票签发日期可以比发票日期早

B. 发票日期一般比其他议付单据的日期早

C. 提单签发日可以晚于信用证或合同规定的装期

D. 保险单的出单期可以晚于已装船提单的出单期

5. 我国进口贸易通常以 FOB 条件成交，一般须经过多个环节，其中肯定不包括(　　)。

A. 付款赎单　　B. 接货报关　　C. 交单议付　　D. 申请开证

6. 我公司按 CIF London USD 80.00 Per M/T 向英国出口数量为 10 000 M/T 的散装小

麦，合同规定不能分批，国外开立信用证金额为80万美元，则我方发货的(　　)。

A. 数量和金额可在10%以内增减

B. 数量和金额不能增减

C. 数量在9 500 ~ 10 000公吨，金额不得超过80万美元

D. 数量和金额可在5%以内增减

7. 以信用证为支付方式的进口贸易，依据合同规定，进口商的首要义务是(　　)。

A. 开立信用证　　B. 办理租船订舱手续

C. 申请进口货物许可证　　D. 办理保险手续

8. (　　)是出口商开立的发货价目清单，是所装运货物的总说明。

A. 商业发票　　B. 装箱单　　C. 海运提单　　D. 装货单

9. 托运人凭(　　)向船公司换取正式提单。

A. 托运单　　B. 装货单　　C. 收货单　　D. 配舱通知

10. 一份CIF合同下，合同及信用证均没有规定投保何种险别，交单时保险单上反映出投保了平安险，该出口商品为易碎品，因此(　　)。

A. 银行将拒收单据　　B. 买方将拒收单据

C. 应投保平安险加破碎险　　D. 银行应接受单据

11. 商业发票的抬头人一般是（　　）。

A. 受益人　　B. 开证申请人　　C. 开证银行　　D. 卖方

12. 出口商委托货代向船运公司办理租船订舱，出口商须填写(　　)。

A. 海运货物运输合同　　B. 海运货物托运委托书

C. 海运单　　D. 装货单

13. 进口商填写开证申请书的主要依据是(　　)。

A. 发票　　B. 出口商提供的出口许可证

C. 贸易合同　　D. 进口货物许可证

14. 在信用证申请书中汇票的付款人应填为（　　）。

A. 开证人　　B. 开证行或指定付款行

C. 通知行　　D. 受益人

15. 进口“短卸报告”的签发者为（　　）。

A. 船方　　B. 港务局　　C. 商检局　　D. 海关

16. 海关发票及领事发票(　　)。

A. 都是由买方国家有关部门提供的

B. 都是由卖方国家有关部门提供的

C. 前者由买方国家提供，后者由卖方国家提供

D. 前者由卖方国家提供，后者由买方国家提供

17. L/C修改书的内容在两项以上的，受益人(　　)。

A. 要么全部接受，要么全部拒绝　　B. 可选择部分接受

C. 必须全部接受　　D. 只能部分接受

18. 海运提单中对货物的描述(　　)。

A. 必须与 L/C 完全相同

B. 必须使用货物的全称

C. 只要与 L/C 对货物的描述不相抵触，可以用货物的统称

D. 必须与商业发票的填写完全一致

19. 信用证支付方式下，按时向银行申请开立信用证是(　　)的基本义务，也往往是卖方履行交货义务的前提。

A. 卖方　　B. 买方　　C. 船方　　D. 买卖双方

20. 出口报关的时间应是(　　)。

A. 备货前　　B. 装船前　　C. 装船后　　D. 货到目的港后

三、多项选择题

1. 在履行出口合同的过程中，卖方的基本义务是(　　)。

A. 提交货物　　B. 提交有关单据

C. 转移货物的所有权　　D. 投保

2. 履行出口合同的程序可概括为(　　)。

A. 货　　B. 证　　C. 船　　D. 款

3. 商业发票是国际货物买卖中的核心单据，其作用表现为(　　)。

A. 有时可替代汇票进行货款结算　　B. 报关纳税的依据

C. 交接货物的依据　　D. 登记入账的依据

4. 下列何种单证属于报关基本单证？(　　)

A. 贸易合同　　B. 装箱单　　C. 商业发票　　D. 信用证

5. 下列信用证条款中属于软条款信用证性质的是(　　)。

A. 商检证书由开证申请人签发，并作为议付单据之一

B. 商业发票须开证申请人签署

C. 承运船只由买方指定，船名以信用证修改书的方式通知，交单时必须提交信用证修改书

D. 信用证规定货物清关后银行才支付货款

6. 在 L/C 方式下，进口商在审核商业发票时应注意的要点有(　　)。

A. 发票的出票日期不应迟于汇票的出票日期，亦不应迟于信用证的议付有效期

B. 发票的抬头人应是信用证开证申请人

C. 商品名称、数量、规格、单价、包装、价格条款、合同号码以及货物描述必须与信用证的规定相符，单价乘以数量必须与发票总金额相符

D. 发票的出票人应是信用证的受益人（可转让信用证除外），与汇票的出票人应为同一人

7. 进口索赔的对象可能涉及(　　)。

A. 银行　　B. 保险公司　　C. 承运人　　D. 出口方

8. 因租船订舱和装运而产生的单据有（　　）。

A. 托运单　　B. 装货单　　C. 收货单　　D. 海运提单

9. 对于下列单据，(　　)是银行有权拒收的。

A. 迟于信用证规定的到期日提交的单据

B. 迟于装运日期后 15 天提交的单据

C. 内容与信用证内容不相符的单据

D. 单据之间内容有差异的单据

10. 审核信用证和审核单据的依据分别是(　　)和(　　)。

A. 开证申请书　　B. 合同　　C. 整套单据　　D. 信用证

四、判断题

1. 凡迟于信用证有效期提交的单据，银行有权拒付。　　(　　)

2. 信用证修改申请只能由受益人本人提出。　　(　　)

3. 修改信用证时，可不必经开证行而直接由申请人修改后交给受益人。　　(　　)

4. 汇票的抬头人通常是付款人，发票的抬头人通常是收货人，保险单的抬头人通常是被保险人。　　(　　)

5. 在买卖合同签订后，凡遇到不可抗力事故，遭受事故的一方即可提出撤销合同。　　(　　)

6. 议付行议付完毕后，受益人可不受追索地取得货款。　　(　　)

7. L/C 支付方式下，开具汇票的依据是 L/C；而托收和汇付支付方式下，开具汇票的依据是买卖合同。　　(　　)

8. 不清洁提单上的批注是从大副收据上转来的。　　(　　)

9. 海关发票是出口国海关为了统计出口数量和金额，要求出口人填写的一种具有专门格式的发票。　　(　　)

10. 领事发票是出口方根据进口国驻出口国领事馆制定的固定格式填写，并经领事馆签章的发票。　　(　　)

11. 输欧盟纺织品原产地证书简称 EEC 纺织品产地证，输美纺织品原产地证书简称 DCO 产地证。　　(　　)

12. 在买方已经支付货款的情况下，即使买方享有复验权，也无权向卖方提出索赔。　　(　　)

13. 一笔托收业务，提单装运日期是 3 月 2 日，单据交托收银行的日期为 3 月 23 日，汇票的出单日不能写成 3 月 1 日。　　(　　)

14. 买方履行合同的基本义务是支付货款，收取货物。　　(　　)

15. 集装箱运输的拼箱交、整箱接用英文可以表示为 FCL/LCL。　　(　　)

五、案例分析题

1. 有一份 CIF 合同，出售矿砂 5 000 公吨，合同装运条款规定：CIF Hamburg，2014

年2月份由一船或数船装运。卖方于2月15日装运了3 100公吨，余数又在3月1日装上另一艘轮船。当卖方凭单据向买方要求付款时，买方以第二批货物延期装运为由，拒绝接受全部单据，并拒付全部货款。请问卖方是否已完成履行合同的任务？

2. 我国某外贸公司与某外商磋商以CFR价格从国外进口一批四色胶印机，经往来电传磋商，就合同的基本条款达成协议。我方按合同规定时间开立信用证，并在开证行提示单据后付款赎单，但付款后2个月仍未有船到达，经查询发现受骗，我方应向何方追究责任？

3. 2014年7月20日，中国某进出口公司与英国某公司签订一份出口茶叶的买卖合同，合同规定支付方式为信用证，7月25日买方开来信用证，信用证规定8月20日前装运。卖方装船后向银行交单，其中提单的出单日期为8月15日，保险单的出单日期为8月16日。银行拒绝接受单据、拒付货款。请问银行是否有理由这样做？为什么？

4. 我国某外贸公司向科威特GGG公司出口冻羊肉50公吨。合同规定单价为每公吨2 000美元CIF科威特，数量可增减10%。买方GGG公司按时开来信用证，证内规定：数量约50公吨，总金额100 000美元。我方发货时，按合同和信用证规定，实际装运55公吨，缮制的商业发票表明：数量55公吨，总金额110 000美元。当我外贸公司持单办理议付时，却遭到银行拒付。试问：按《UCP600》的规定，银行是否有权拒付？请说明理由。

5. 我某进出口公司与日商在2012年11月按CIF条件签订一份出口10万元棉布的合同，支付方式为不可撤销即期信用证，日商于2013年3月上旬通过银行开来信用证，经审核与合同相符，其中保险金额为发票金额加一成。我方备货期间，日商通过开证行递来一份信用证修改书，内容为将保险金额按发票金额加三成。我方按原证规定投保、发货，并于货物装运后在信用证有效期内，向议付行提交全套单据。议付行议付后将全套单据寄开证行，开证行以保险单与信用证修改书不符为由拒付。请问开证行拒付的理由是否成立？为什么？

六、操作题

1. 请根据合同审核信用证。

SALES CONFIRMATION

CONTRACT NO. YM0806009

DATE：JUNE 05, 2014

THE SELLER：GUANGZHOU YIMEI INTERNATIONAL CORP.

ADDRESS：58 DONGLI ROAD GUANGZHOU, CHINA

THE BUYER：VALUE TRADING ENTERPRISE, LLC.

ADDRESS：RM1008 GREEN BUILDING KUWAIT

THIS SALES CONTRACT IS MADE BY AND BETWEEN SELLER AND BUYER, WHEREBY THE SELLER AGREE TO SELL AND THE BUYER AGREE TO BUY THE UNDER – MENTIONED GOODS ACCORDING TO THE TERMS AND CONDITIONS STIPULATED BELOW：

SPECIFICATION OF GOODS	QUANTITY	UNIT PRICE	AMOUNT
MAN'S WIND BREAKER STYLE NO. YM082 COLOUR: BLACK KHAKI	2500 PCS 2500 PCS	CIF C 5 KUWAIT USD 15. 10/PC USD 15. 10/PC	USD 37 750. 00 USD 37 750. 00
TOTAL	5000 PCS		USD 75 500. 00
TOTAL AMOUNT: SAY U. S. DOLLARS SEVENTY FIVE THOUSAND FIVE HUNDRED ONLY.			

PACKING: 20 PCS ARE PACKED IN ONE EXPORT STANDARD CARTON.

SHIPPING MARKS: VALUE
ORDER NO. A01
KUWAIT
C/NO. 1 – UP

TIME OF SHIPMENT: BEFORE AUG. 1, 2014

LOADING PORT AND DESTINATION: FROM GUANGZHOU, CHINA TO KUWAIT

PARTIAL SHIPMENT: NOT ALLOWED

TRANSSHIPMENT: ALLOWED

INSURANCE: TO BE EFFECTED BY THE SELLER FOR 110% INVOICE VALUE COVERING ALL RISKS AND WAR RISK AS PER CIC OF PICC DATED 01/01/1981

TERMS OF PAYMENT: BY L/C AT 60 DAYS AFTER SIGHT, REACHING THE SELLER BEFORE JUNE 20, 2014, AND REMAINING VALID FOR NEGOTIATION IN CHINA FOR FURTHER 15 DAYS AFTER THE EFFECTED SHIPMENT. L/C MUST MENTION THIS CONTRACT NUMBER. L/C ADVISED BY BANK OF CHINA. ALL BANKING CHARGES OUTSIDE CHINA (THE MAINLAND OF CHINA) ARE FOR ACCOUNT OF THE DRAWEE.

DOCUMENTS:

+ SIGNED COMMERCIAL INVOICE IN TRIPLICATE.
+ FULL SET (3/3) OF CLEAN ON BOARD OCEAN BILL OF LADING MARKED FREIGHT PREPAID MADE OUT TO ORDER BLANK ENDORSED NOTIFYING THE APPLICANT.
+ INSURANCE POLICY IN DUPLICATE ENDORSED IN BLANK.
+ PACKING LIST IN TRIPLICATE.
+ CERTIFICATE OF ORIGIN ISSUED BY CHINA CHAMBER OF COMMERCE.

SIGNED BY:

THE SELLER: GUANGZHOU YIMEI INTERNATIONAL CORP.
JACK

THE BUYER: VALUE TRADING ENTERPRISE, LLC.
JULIA

信用证：

27：SEQUENCE OF TOTAL：1/1

40A：FORM OF DOC. CREDIT：IRREVOCABLE

20：DOC. CREDIT NUMBER：KR369/03

31C：DATE OF ISSUE：140619

40E：APPLICABLE RULES：UCP LATEST VERSION

31D：DATE AND PLACE OF EXPIRY：140810 KUWAIT

51D：APPLICANT BANK：VALUE TRADING ENTERPRISE CORP.
RM1008GREEN BUILDING KUWAIT

50：APPLICANT：AORE SPECIALTIES MATERIAL CORP.
YARIMCA，KOCAELI 41740，IZMIT，TURKEY

59：BENEFICIARY：GUANGZHOU YIMEI INTERNATIONAL CORP.
58 DONGLI ROAD GUANGZHOU，CHINA

32B：CURRENCY CODE，AMOUNT：USD 71 500.00

41A：AVAILABLE WITH/BY：BANK OF CHINA BY NEGOTIATION

42C：DRAFTS AT ……：90 DAYS AFTER SIGHT

42A：DRAWEE：VALUE TRADING ENTERPRISE，LLC.

43P：PARTIAL SHIPMENTS：NOT ALLOWED

43T：TRANSSHIPMENT：NOT ALLOWED

44E：PORT OF LOADING/AIRPORT OF DEPARTURE：ANY CHINESE PORT

44F：PORT OF DISCHARGE/ AIRPORT OF DESTINATION：KUWAIT BY SEA FREIGHT

44C：LATEST DATE OF SHIPMENT：140710

45A：DESCRIPTION OF GOODS AND / OR SERVICES：5 000 PCS WIND BREAKER
STYLE NO. YM085
AS PER ORDER NO. A01 AND S/C NO. YM009
AT USD 15.10/PC CIF KUWAIT
PACKED IN CARTON OF 20 PCS EACH

46A：DOCUMENTS REQUIRED

+ SIGNED COMMERCIAL INVOICE IN TRIPLICATE INDICATING L/C NO. AND CONTRACT NO.

+ FULL SET (3/3) OF CLEAN ON BOARD OCEAN BILL OF LADING MADE OUT TO APPLICANT AND BLANK ENDORSED MARKED "FREIGHT COLLECT" NOTIFY THE APPLICANT

+ SIGNED PACKING LIST IN TRIPLICATE SHOWING THE FOLLOWING DETAILS：TOTAL NUMBER OF PACKAGES SHIPPED；CONTENT (S) OF PACKAGE (S)，GROSS WEIGHT，NET WEIGHT AND MEASUREMENT.

+ CERTIFICATE OF ORIGIN ISSUED AND SIGNED OR AUTHENTICATED BY A LOCAL CHAMBER OF COMMERCE LOCATED IN THE EXPORTING COUNTRY.

+ INSURANCE POLICY/CERTIFICATE IN DUPLICATE ENDORSED IN BLANK FOR 120% INVOICE VALUE, COVERING ALL RISKS AND WAR RISK OF CIC OF PICC (1/1/1981)

71B: CHARGES: ALL CHARGES AND COMMISSIONS ARE FOR ACCOUNT OF BENEFICIARY INCLUDING REIMBURSING CHARGES

2. 请根据以下信用证条款，回答相关问题。

Applicant: Nissho Iwai Corporation No. 4-5 Akasaka 2-Chome Minato-ku Tokyo, Japan

Beneficiary: China National Mine Import and Export Corp. Beijing, P. R. China

Pre – Advice: Bank Of China, Beijing Branch

Documents required: Full set of clean on board marine bills of lading made out to order and blank endorsed, marked "freight prepaid".

（1）该提单的发货人、收货人、通知人应如何填制？

（2）提单上运费的支付方式应如何填报？

（3）该提单属于哪一类型的提单？

3. 根据合同、信用证及补充资料缮制汇票、商业发票、海运提单及普惠制产地证 FORM A。

合同：

SALES CONFIRMATION

S/C NO.: FY14101
DATE: Oct. 01, 2014
SIGNED AT: Shanghai, China

THE SELLER: SHANGHAI FEIYANG CO., LTD.
NO. 91 NANJING ROAD SHANGHAI, CHINA
Tel: 0086 – 021 – 88888888 Fax: 0086 – 021 – 66666666

THE BUYER: ABC COMPANY
1 – 3 MACHIKU STREET OSAKA, JAPAN

Dear Sirs,

We hereby confirm having sold to you the following goods on terms and conditions as specified below:

MARKS & NO.	DESCRIPTION OF GOODS	QUANTITY	U/PRICE	AMOUNT
ABC	CARDBOARD BOX		CIF OSAKA	
OSAKA	FY—256	1550 PCS	USD 4.50/PC	USD 6 975.00
NOS. 1—60	FY—286	1450 PCS	USD 3.90/PC	USD 5 655.00
		3000 PCS		USD 12,630.00

Packing: In cartons of 50 pcs each

Port of loading: Shanghai
Port of destination: Osaka
Partial shipment: Prohibited
Transshipment: Prohibited
Insurance: Is to be covered by the sellers for 110 percent of the invoice value covering All risks and War risk as per CIC
Payment: By L/C at sight.

The buyer	The seller
ABC COMPANY	SHANGHAI FEIYANG CO. ,LTD.

信用证:

SEQUENCE OF TOTAL	27: 1/1
FORM OF DOC. CREDIT	40A: IRREVOCABLE
DOC. CREDIT NUMBER	20: L/C196114800
DATE OF ISSUE	31C: 141015
APPLICABLE RULES	40E: UCP LATEST VERSION
DATE AND PLACE OF EXP.	31D: 141215 IN THE COUNTRY OF BENEFICIARY
APPLICANT	50: ABC COMPANY 1-3 MACHIKU STREET OSAKA, JAPAN
ISSUING BANK	52A: INDUSTRIAL BANK OF JAPAN, TOKYO
BENEFICIARY	59: SHANGHAI FEIYANG CO. , LTD. NO. 91 NANJING ROAD SHANGHAI, CHINA.
AMOUNT	32B: CURRENCY USD AMOUNT 12 630. 00
AVAILABLE WITH/BY	41D: ANY BANK IN CHINA BY NEGOTIATION
DRAFTS AT	42C: DRAFTS AT SIGHT FOR 100 PCT INVOICE VALUE
DRAWEE	42D: THE INDUSTRIAL BANK OF JAPAN, HEAD OFFICE
PARTIAL SHIPMENT	43P: ALLOWED
TRANSSHIPMENT	43T: NOT ALLOWED
LOADING/ DISPATCHING/TAKING	44E: SHANGHAI
TRANSPORTATION TO……	44F: OSAKA
LATEST DATE OF SHIPMENT	44C: 141130

DESCRIPTION OF GOODS	45A:	CARDBOARD BOX FY—256 1 550 PCS @ USD 4. 50/PC CIF OSAKA FY—286 1 450 PCS @ USD 3. 90/PC CIF OSAKA PACKED IN CARTONS
DOCUMENTS REQUIRED	46A:	+ SIGNED COMMERCIAL INVOICE IN TRIPLICATE + SIGNED PACKING LIST IN TRIPLICATE + G. S. P CERTIFICATE OF ORIGIN FORM A + BENEFICIARY'S CERTIFICATES THAT ONE SET OF ORIGINAL SHIPPING DOCUMENTS INCLUDING ORIGINAL "FORM A" HAS BEEN SENT DIRECTLY TO THE APPLICANT AFTER THE SHIPMENT. + INSURANCE POLICY OR CERTIFICATE ENDORSED IN BLANK FOR 110 PCT OF CIF VALUE, COVERING W. P. A RISK AND WAR RISK + 3/3 PLUS ONE COPY OF CLEAN "ON BOARD" OCEAN BILLS OF LADING MADE OUT TO ORDER AND BLANK ENDORSED MARKED "FREIGHT PREPAID" AND NOTIFY APPLICANT.
ADDITIONAL CONDITION	47A:	+ ALL DRAFTS DRAWN HERE UNDER MUST BE MARKED "DRAWN UNDER INDUSTRIAL BANK OF JAPAN, LTD., HEAD OFFICE, CREDIT NO. L/C 196114800 DATED OCT. 15, 2014" + T/T REIMBURSEMENT IS NOT ACCEPTABLE

DETAILS OF CHARGES FOR	71B: ALL BANKING CHARGES OUTSIDE JANPAN FOR BENEFICIARY'S ACCOUNT
PRESENTAION PERIOD	48: DOCUMENTS MUST BE PRESENTED WITHIN 10 DAYS AFTER THE DATE OF ISSUANCE OF THE SHIPPING DOCUMENTS BUT WITHIN THE VALIDITY OF THE CREDIT.
CONFIRMATION	49: WITHOUT
INSTRUCT TO NEGOTIATNG BANK	78: THE AMOUNT AND DATE OF NEGOTIATION OF EACH DRAFT MUST BE ENDORSED ON THE REVERSE OF THIS CREDIT. ALL DOCUMENTS INCLUDING BENEFICIARY'S DRAFTS MUST BE SENT BY COURIER SERVICE DIRECTLY TO OUR HEAD OFFICE. MARUNOUCHI, CHIYODA—U, TOKYO, JAPAN 100, ATTN. INTERNATIONAL BUSINESS DEPT. IMPORT SECTION, IN ONE LOT. UPON OUR RECEIPT OF THE DRAFTS AND DOCUMENTS, WE SHALL MAKE PAYMENT AS INSTRUCTED BY YOU

补充资料:

1. INVOICE NO. FY 71001　　2. INVOICE DATE: NOV. 10, 2014

3. G. W: 36 KGS/CTN N. W: 35 KGS/CTN MEAS. 0. 55 CBM/CTN

4. H. S. CODE: 4 819. 1 000　　5. VESSEL: KAOHSIUNG V. 0707S

6. B/L NO. TH14HK14596　　7. B/L DATE: NOV. 29, 2014

8. C/N: SNBU7121820　　9. REFERENCE NO. 20140819

10. ORIGINAL CRITERION: "P"

（1）汇票

F14

1

凭
Drawn under ______________________

信用证　　　第　　　号
L/C No. ______________________

日期　　　年　　　月　　　日
Dated ______________________

按　　　息　　　付　　　款
Payable with interest @ ________ % per annum

号码　　　汇票金额　　　中国　广州　　年　　月　　日
No. ________ Exchange for ________ Shanghai, China ______ 20 ______

见票　　　日后（本汇票之副本未付）付交
At ________ sight of this FIRST of Exchange (Second of exchange being unpaid)

Pay to the order of ______________________ 或其指定人

金　额 ______________________

the sum of ______________________

此致
To ______________________

____

（2）商业发票

<table>
<tr><td colspan="2" rowspan="1">Issuer:</td><td colspan="3" rowspan="2">SHANGHAI FEIYANG CO., LTD.
NO. 91 NANJING ROAD SHANGHAI, CHINA

COMMERCIAL INVOICE</td></tr>
<tr><td colspan="2" rowspan="2">To:</td></tr>
<tr><td>No.</td><td colspan="2">Date:</td></tr>
<tr><td colspan="2" rowspan="2">Transport details:</td><td colspan="3">S/C No.</td></tr>
<tr><td colspan="3">Terms of payment:</td></tr>
<tr><td>Marks & Nos.</td><td>Description of goods</td><td>Quantity</td><td>Unit Price</td><td>Amount</td></tr>
<tr><td></td><td></td><td></td><td></td><td></td></tr>
<tr><td></td><td></td><td></td><td></td><td></td></tr>
<tr><td colspan="5"></td></tr>
</table>

（3）海运提单

Shipper Insert Name, Address and Phone		B/L No.
Consignee Insert Name, Address and Phone		中远集装箱运输有限公司 COSCO CONTAINER LINES Port-to-Port or Combined Transport **BILL OF LADING**
Notify Party Insert Name, Address and Phone (It is agreed that no responsibility shall attach to the carrier or his agents for failure to notify)		RECEIVED In external apparent good order and condition except as otherwise noted. The total number of packages or units stuffed in the container, the description of the goods and the weights shown in this Bill of Loading are furnished by the Merchants, and which the carrier has no reasonable means of checking and is not a part of this Bill of Loading contract. The carrier has issued the number of Bills of Lading stated below, all of this tenor and date, one of the original Bills of Lading must be surrendered and endorsed or signed against the delivery of the shipment and whereupon any other original Bills of Lading shall be void. The Merchants agree to be bound by the terms And conditions of this Bill of Lading as if each had personally signed this Bill of Lading. SEE clause 4 on the back of this Bill of Lading (Terms continued on the back hereof, please read carefully) *Applicable Only When Document Used as a Combined Transport Bill of Lading
Combined Transport * Pre-carriage by	Combined Transport * Place of Receipt	
Ocean Vessel Voy. No.	Port of Loading	
Port of Discharge	Combined Transport * Place of Delivery	

Particulars Furnished by Merchants

Marks & Nos. Container / Seal No.	No. of Containers or Packages	Description of Goods (If Dangerous Goods, See Clause 20)	Gross Weight Kgs	Measurement
		Description of Contents for Shipper's Use Only(Not Part of This B/L Contract)		
Total Number Of Containers and/or Packages(In Words)				

Freight & Charges	Revenue Tons	Rate	Per	Prepaid	Collect

Ex Rate:	Prepaid at	Payable at	Place and date of Issue
	Total Prepaid	No. of Original B(s)/L THREE	Signed for the carrier: COSCO CONTAINER LINES

LADEN ON BOARD THE VESSEL　KAOHSIUNG V.0707S　CNS01 0108895
DATE:　BY　COSCO CONTAINER LINES

（4）普惠制产地证

1. Goods consigned from (Exporter's full name and address, country)

2. Goods consigned to (Consignee's full name, address, country)

Reference No.

GENERALIZED SYSTEM OF PREFERENCES
CERTIFICATE OF ORIGIN
(Combined declaration and certificate)
FORM A
Issued in THE PEOPLE'S REPUBLIC OF CHINA
(Country)
See Notes. Overleaf

3. Means of transport and route (as far as known)

4. For certifying authority use only

5. Item number	6. Marks and Numbers of Packages	7. Number and kind of packages; Description of goods	8. Origin Criterion (see Notes Overleaf)	9. Gross Weight Or other Quantity	10. Number And date of invoices

11. Certification
It is hereby certified that the declaration by the exporter is correct.

Place and date, signature and stamp of Certifying authority

12. Declaration by the exporter
The undersigned hereby declares that the above details and statements are correct, that all the Goods were produced in

------
and that they comply with the origin requirements specified for those goods in the Generalized System of preferences for goods exported to

------
(importing country)

Place and date, Signature and stamp of Authorized signatory

第二部分

参考答案

模块一　国际贸易实务预备知识

一、填空题

1. CIF
2. 有形　无形
3. 货币金额
4. 对外贸易依存度
5. 基础
6. 亚当·斯密　国富论
7. 区域经济一体化
8. 完全经济一体化
9. 加拿大
10. 查验　征税
11. 非关税贸易
12. 两高一资
13. 红灯　黄灯　绿灯
14. 倾销
15. 贸易总值

二、单项选择题

1. B。关税是对商品或劳务征税，商品生产者和经营者通常将税款附加或合并于商品价格或劳务收费标准之中，从而使税负发生转移。

2. A。出口额大于进口额，即为贸易顺差，也叫出超。

3. A。关税的税收是向进出口商征收的。

4. D。经济一体化组织，其一体化程度由低向高分别是优惠贸易安排、自由贸易区、关税同盟、共同市场、经济同盟和完全经济一体化。

5. C。转口贸易是指国际贸易中进出口货物的交易不是在生产国与消费国之间直接进行，而是通过第三国易手进行的买卖。这种贸易对中转国来说即为转口贸易。

6. B。20 世纪 70 年代的欧洲共同体，实现了商品、生产要素和服务的自由流动。

7. B。从价税征收，关税随价格上涨而增加，更具保护作用。

8. D。

9. A。

10. A。此为进口贸易的定义。

11. D。

12. C。

13. A。补贴是政府行为。

14. D。普通税率没有税率优惠，非普遍使用。

15. B。

16. C。一些非关税壁垒措施往往不公开，而且经常变化，使外国出口商难以对付和适应，因而更具隐蔽性。

17. D。

18. C。对外贸易量剔除了价格波动的影响。

19. C。因为是贸易逆差，出口小于进口，相差 280 亿美元，所以出口为 1 400 − 280 = 1 120 亿美元。

20. A。经济全球化的大背景下，各国之间的关税已经大幅度下降，世界各国越来越多地把非关税贸易壁垒作为贸易的保护措施。

三、多项选择题

1. ABCD。

2. ABDE。除了 C 选项“关税”，其他都属于非关税壁垒的措施。

3. BCD。

4. BCD。出口配额限制了出口，其他措施则有利于出口。

5. BCE。

6. ABC。

7. ADE。

8. AC。

9. ABC。征收出口税不能起到防止外国商品倾销的作用。

10. CD。

11. ABD。

12. AD。

13. BCD。

14. ABD。

15. AB。

四、判断题

1. ×。对于丙国来说是进口贸易。

2. ×。对于某种商品，一国常常是既有出口又有进口，在一定时期内，如果进口数大于出口数则为净进口，净进口用进口数与出口数的差数来表示。

3. √。

4. ×。国际贸易额是世界各国出口贸易额的总和。

5. ×。特惠税率比最惠国税率低。

6. √。

7. ×。并非越大越好。

8. √。

9. ×。转口贸易不一定经过第三国。

10. ×。共同市场条件下，各成员国间实现生产要素自由流动。

11. ×。对外贸易中，对外贸易地理方向既不是越集中越好，也不是越分散越好。对于商人而言，对外贸易地理方向选择集中还是分散，从根本上取决于成本与收益的比较。

12. √。

13. ×。关税属于间接税，因为进出口商虽然表面上负有纳税义务，但是实际上已将自己的税款加于所销售商品的价格上由消费者负担或用其他方式转嫁给别人。

14. √。

15. √。

16. ×。发展中国家与发达国家之间的国际分工称为垂直型国际分工。

17. √。

18. √。

19. √。

20. ×。特惠税率、普惠制税率都比最惠国税率低。

五、计算题

1. 对外贸易依存度 = 进出口总额/国内生产总值

= （6 080 +7 700）/30 050

≈46%

该国当年的对外贸易依存度约为 46% 。

2. 因为 1 美元 =7. 2 元人民币，所以：

2007 年出口总额 =1. 2 万亿美元 ×7. 2

=8. 64 万亿元人民币

出口依存度 = 出口总额/国内生产总值

$=8.64/24.4$

$\approx 35\%$

中国当年的出口依存度约为35%。

3. 1 100 > 700，即某国2010年出口总额大于进口总额，贸易差额为顺差；

1 100 - 700 = 400 亿美元，即其差额是400 亿美元。

4. 混合税税额 = 从量税税额 + 从价税税额

$=6\ 000\times 0.5+30\ 000\times 1\%$

$=3\ 000+300$

$=3\ 300$（美元）

所以，该批货物应缴纳关税为3 300 美元。

六、名词解释题

1. 国际贸易：指世界各国（地区）之间进行的商品、服务、技术的交换活动。

2. 对外贸易依存度：指一国进出口总额与其国内生产总值之比。

3. 进口配额制：指一国政府在一定时期内，对某些商品的进口数量或金额加以直接限制，在规定时间内，超过配额的商品不允许进口，或者需要被征收较高的关税或罚款才能进口。

4. 转口贸易：指两国的进出口贸易通过第三国的中间商把货物转手来完成的贸易方式。对第三国来说，它将进口的货物再出口，所以是转口，又称再出口贸易。

5. 国际分工：指世界各国（地区）之间的劳动分工与生产的专业化分工。

七、案例分析题

1. 答：它反映了区域经济一体化的趋势。从20 世纪90 年代至今，区域经济一体化组织如雨后春笋般在全球涌现，形成了一股强劲的新浪潮。区域经济一体化组织的成立极大地推动了区域内贸易的发展，推动了世界经济的发展。

2. 答：(1) 倾销是指一国（地区）的生产商或出口商以低于商品正常价值的价格将商品抛售到另一国（地区）市场的行为。

(2) 实施反倾销措施必备的三个要件是：①倾销存在；②对进口国的同类产业产生了实质性的损害；③倾销和损害之间存在因果关系。

(3) 第一，企业要积极应诉。第二，加快企业非国有化改革，尽快摆脱处于“非市场经济国”地位的被动局面。第三，提高产品的技术含量。第四，增强国际营销观念，提高产品综合竞争能力。第五，加强专业人才的培养。

3. 答：对外贸易地理方向指明了一国进出口商品的来源和去向，可以反映一国与其他国家（地区）之间经济贸易联系的紧密程度。从案例中可以看出，首先，我国在2013 年与欧盟的经济贸易联系程度最紧密，欧盟为我国的第一大贸易伙伴；其次，美国为我国第二大贸易伙伴，东南亚国家联盟为我国第三大贸易伙伴，中国香港为我国第四大贸易伙伴，日本为我国第五大贸易伙伴。五大贸易伙伴的贸易额总计已经占我国进出口总额的53.8%。

模块二　国际货物买卖合同的商订

一、填空题

1. 品质　数量　包装　价格　支付条件　货物运输　不可抗力　仲裁
2. 商品的名称　商品的数量　商品的价格
3. 送达
4. 发盘送达受盘人之前
5. 反要约　否定
6. 合同成立
7. 实质性变更　非实质性变更
8. 逾期
9. 立即
10. 不可

二、单项选择题

1. C。在国际贸易中，交易磋商的环节由询盘、发盘、还盘和接受四个环节组成，其中发盘和接受是具有法律效力的环节。因此，应选择答案C。

2. C。发盘、递盘、邀请发盘和还盘的含义分别如下：发盘是指交易的一方为了销售或购买一批商品，向对方提出有关的交易条件，并表示愿按这些条件达成一笔交易，这种意思表示的行为称作发盘。递盘是指在国际贸易中，出口商按进口商的询价或为推销其产品主动向进口商提出愿意按照一定条件出售商品给进口商的行为。递盘的主要内容包括商品名称、品质、规格、包装、可供数量、价格、交货日期、付款方式、交易货币及递盘的有效期限等。递盘发盘可分为实盘和虚盘。实盘即指具备有效递盘的必要条件和有效期限的递盘行为，出口商发盘后，一经受盘人无条件接受，买卖合同即告成立，交易双方都要受合同的法律约束；虚盘是发盘人有保留地愿意按一定条件达成交易的意思表示，对发盘人和受盘人均无约束力。邀请发盘是指在国际贸易中，交易的一方打算购买或出售某种商品，向对方询问买卖该项商品的有关交易条件，或者就该项交易提出带有保留条件的建议。还盘又称还价，是受盘人对发盘内容不完全同意而提出修改或变更的意思表示，是对发盘条件进行添加、限制或其他更改的答复。还盘只有受盘人才可以作出，其他人作出无效。

3. B。在国际贸易中，一项法律上有效的发盘，须包含商品的名称、数量和价格。本题中，法国商人的磋商函未包含商品的价格，因此，不满足有效发盘的条件，只能视为询盘。

4. B。《联合国国际货物销售合同公约》对逾期接受作了灵活处理，规定在下列两种情况下逾期接受仍具有效力：①如果发盘人毫不迟延地用口头或书面方式通知受盘人，确认该项逾期接受有效，合同仍可于接受通知送达发盘人时成立。②如果载有逾期接受的信件或其他书面文件表明，在传递正常的情况下，应是能够及时送达发盘人的，则此项逾期接受仍视为有效，除非发盘人毫不迟延地用口头或书面方式通知受盘人，认为发盘因逾期接受而失效。因此，一项逾期接受是否有效，关键在于发盘人的态度。本题的情形属于第二种情况，因此，答案应选 B。

5. D。无效合同按照全部还是部分不具有法律效力分为全部无效合同和部分无效合同：(1) 全部无效合同是指合同的全部内容自始不产生法律约束力。①订立合同主体不合格，表现为：a. 无民事行为能力人、限制民事行为能力人订立合同且法定代理人不予追认的，该合同无效，但有例外：纯获利益的合同和与订立合同主体年龄、智力、精神健康状况相适应而订立的合同，无须追认，合同当然有效；b. 代理人不合格且相对人有过失而订立的合同，该合同无效；c. 法人和其他组织的法定代表人、负责人超越权限订立合同，且相对人知道或应当知道其超越权限的，该合同无效。②订立合同内容不合法，表现为：a. 违反法律、行政法规的强制性规定的合同，无效；b. 违反社会公共利益的合同，无效；c. 恶意串通，损害国家、集体或第三人利益的合同，无效；d. 以合法形式掩盖非法目的的合同，无效。③意思表示不真实的合同，即意思表示有瑕疵，如一方以欺诈、胁迫的手段订立合同或损害国家利益的，无效。(2) 部分无效合同是指合同的部分内容不具有法律约束力，合同的其余部分内容仍然具有法律效力。本题中，选项 A 和 B 属于合同意思表示不真实，选项 C 属于合同不合法。因此，本题的答案应选择 D。

6. B。《公约》第 18 条第 2 款规定：接受发盘于表示同意的通知送达发盘人时生效。如果表示同意的通知在发盘人所规定的时间内，如未规定时间，在一段合理的时间内，未曾送达发盘人，接受就成为无效，但须适当地考虑交易的情况，包括发盘人所使用的通讯方法的迅速程度。对口头发盘必须立即接受，但情况有别者不在此限。因此，答案应是 B。

7. D。关于发盘失效问题，《公约》第 17 条规定：一项发盘，即使是不可撤销的，于拒绝通知送达发盘人时终止。这就是说，当受盘人不接受发盘的内容，并将拒绝的通知送到发盘人手中时，原发盘就失去效力，发盘人不再受其约束。此外，在贸易实务中还常有以下三种情况会造成发盘的失效：①发盘人在受盘人接受之前撤销该发盘。②发盘中规定的有效期届满。③其他方面的问题造成发盘失效，除政府发布禁令或限制措施造成发盘失效外，还包括发盘人死亡、法人破产等特殊情况。因此，答案应为 D。

8. D。在实际业务中，合同生效主要有以下几种情况：① 接受生效，合同生效；②交易双方签订书面合同时，合同生效；③合同须国家批准方可生效。由此可见，答案应为 D。

9. B。《公约》第 14 条第 1 款规定：向一个或一个以上特定的人提出的订立合同的建议，如果十分确定并且表明发盘人在得到接受时承受约束的意旨，即构成发盘。一个建议如果写明货物名称并且明示或暗示地规定数量和价格或规定如何确定数量和价格，即为十分确定。因此，答案应为B。

10. B。《公约》第14条第1款规定：向一个或一个以上特定的人提出的订立合同的建议，如果十分确定并且表明发盘人在得到接受时承受约束的意旨，即构成发盘。由此可见，选项B不是发盘必备的条件。

11. A。受盘人接受发盘中提出的所有交易条件构成有效接受。若发盘人在表示接受的同时，提出了对发盘条件的添加、限制和（或）变更，则构成有条件的接受。有条件的接受因与原发盘的条件不完全相符，发盘人有权表示异议，因此，有条件的接受不是有效的接受，而只可被认为是还盘。因此，本题的答案是A。

12. B。《公约》第15条第2款就发盘的撤回与撤销作了规定：一项发盘，即使是不可撤销的，也可以撤回，只要撤回通知于发盘送达受盘人之前或同时送达受盘人。第16条第1款规定：在未订立合同之前，发盘可以撤销，只要撤销通知于受盘人发出接受通知之前送达受盘人。

13. B。《公约》第14条第1款规定：向一个或一个以上特定的人提出的订立合同的建议，如果十分确定并且表明发盘人在得到接受时承受约束的意旨，即构成发盘。由此可见，一项有效的发盘应满足以下三个条件：①有一个或一个以上特定的受盘人；②发盘的内容十分确定；③表明发盘人在得到接受时承受约束的意旨。本题中，选项A为还盘，C为邀请发盘，D为有条件的接受，只有B满足有效发盘的条件。

14. D。《公约》第19条第3款规定：有关货物价格、付款、货物质量和数量、交货地点和时间、一方当事人对另一方当事人的赔偿责任范围或解决争端的措施等的添加或不同条件，均视为在实质上变更发盘的条件。对货物单据的份数、包装等的添加或不同条件，称为非实质性变更发盘条件。本题中的变更仅针对装箱单的份数，因而是非实质性变更发盘的条件。

15. D。理由同上。

16. D。进出口权是进出口企业自己开展进出口业务的资格，进出口权的办理需要经过一个比较复杂的审批办理过程，拟申请进出口权的企业必须同时得到商务厅/局、海关、检验检疫部门、外汇管理局、电子口岸等相关部门的批准，并在拿到上述部门审批证书后，才拥有了自营进出口的权利。拥有进出口权的企业，可依法自主地从事进出口业务。没有进出口权的企业，不能开展进出口业务。

17. C。《公约》第18条第1款规定：受盘人声明或作出其他行为表示同意一项发盘，即是接受，缄默或不行动本身不等于接受。因此，受盘人可以选择声明或行动两者之一表示接受。

18. B。《公约》第15条第2款规定：一项发盘，即使是不可撤销的，也可以撤回，只要撤回通知于发盘送达受盘人之前或同时送达受盘人。因此，该合同不能成立。

19. A。《公约》第16条第2款（a）规定：发盘写明接受发盘的期限或以其他方式表示发盘是不可撤销的，该发盘不得撤销。

20. A。货物合同中买卖的标的物必须是法律上允许的、可以用于交易的动产。

三、多项选择题

1. ABC。《公约》第 14 条规定：向一个或一个以上特定的人提出的订立合同的建议，如果十分确定并且表明发盘人在得到接受时承受约束的意旨，即构成发盘。一个建议如果写明货物并且明示或暗示地规定数量和价格或规定如何确定数量和价格，即为十分确定。

2. ABC。国际货物买卖合同由约首、本文或正文、约尾组成。

3. ABCD。发盘效力终止的情况包括：①发盘有效期届满；②受盘人拒绝；③受盘人还盘；④发盘人撤销发盘；⑤发盘人破产或丧失行为能力。

4. ABCD。构成一项有效接受必须具备的条件是：①接受必须由合法的受盘人作出；②接受必须是无条件的接受；③接受必须在发盘有效期内作出；④接受的传递方式应符合发盘的要求。

5. AC。《公约》第 21 条规定：（1）逾期接受仍有接受的效力，只要发盘人毫不迟延地用口头或书面将此种意见通知受盘人。（2）如果载有逾期接受的信件或其他书面文件表明，它是在传递正常、能及时送达发盘人的情况下寄发的，则该项逾期接受具有接受的效力，除非发盘人毫不迟延地用口头或书面通知受盘人：他认为他的发盘已经失效。

6. AD。《公约》第 18 条第 1 款规定：受盘人声明或作出其他行为表示同意一项发盘，即是接受，缄默或不行动本身不等于接受。

7. ABCD。《公约》第 18 条第 2 款规定：接受发盘于表示同意的通知送达发盘人时生效。如果表示同意的通知在发盘人所规定的时间内，如未规定时间，在一段合理的时间内，未曾送达发盘人，接受就成为无效，但须适当地考虑交易的情况，包括发盘人所使用的通讯方法的迅速程度。电报、电传 、传真 、电子数据交换 、电子邮件等都是较迅速的通讯方式。

8. ABC。我国外贸企业所使用的买卖合同必须以书面的形式作出，其中包括正式书面合同 、销售确认书和书面协议书 ，但不包括口头的协议。

9. ABC。签订书面合同具有合同成立的证据、合同生效的条件、合同履行的依据三方面的作用。

10. ABCD。在交易磋商之前需要准备的事项很多，其中主要包括选配洽谈人员、选择目标市场、选择交易对象和制订磋商交易方案等方面的工作。

四、判断题

1. ×。发盘可由卖方作出也可由买方作出。

2. √。《公约》第 19 条第 1 款规定：对发盘表示接受但载有添加、限制或其他更改的答复，即为拒绝该项发盘，并构成还盘。因此，受盘人接受发盘时，必须无条件接受发盘的全部内容。

3. ×。报刊上的广告，因为一般没有特定的受盘人，因此不属于发盘，只属于邀请发盘。

4. √。《公约》第 14 条第 1 款规定：向一个或一个以上特定的人提出的订立合同的建议，如果十分确定并且表明发盘人在得到接受时承受约束的意旨，即构成发盘。因此，如果发盘人在发盘中没有受发盘内容约束的意思表示，就不构成发盘。

5. √。国际货物买卖合同成立的条件之一是买卖双方当事人应具备订立合同的行为能力。订立人必须是具有完全民事行为能力的人，不具有民事行为能力的人如未成年人、精神病患者，其订立的合同无效。

6. ×。《公约》第 15 条第 2 款规定：一项发盘，即使是不可撤销的，也可以撤回，只要撤回通知于发盘送达受盘人之前或同时送达受盘人。

7. ×。接受一旦生效，合同即告成立。因此，接受生效后，不能再撤销。

8. √。从法律效力来看，合同和确认书这两种形式的书面合同是相同的。

9. ×。发盘和接受是国际贸易交易磋商中具有法律效力的环节。

10. ×。询盘是交易的一方向另一方询问购买或出售某种商品的各项交易条件的行为。

11. √。《公约》第 15 条第 1 款规定：发盘于送达受盘人时生效。

12. ×。发盘中的有效期不是发盘的必备条件，若发盘中未规定有效期，则发盘在合理的时间内有效。

13. √。《公约》第 19 条第 1 款规定：对发盘表示接受但载有添加、限制或其他更改的答复，即为拒绝该项发盘，并构成还盘。还盘相当于一项新的发盘。

14. √。《公约》第 23 条规定：合同于按照本公约规定对发盘的接受生效时订立。

15. ×。《公约》第 21 条规定：（1）逾期接受仍有接受的效力，只要发盘人毫不迟延地用口头或书面将此种意见通知受盘人。（2）如果载有逾期接受的信件或其他书面文件表明，它是在传递正常、能及时送达发盘人的情况下寄发的，则该项逾期接受具有接受的效力，除非发盘人毫不迟延地用口头或书面通知受盘人：他认为他的发盘已经失效。

16. √。《公约》第 14 条第 1 款规定：向一个或一个以上特定的人提出的订立合同的建议，如果十分确定并且表明发盘人在得到接受时承受约束的意旨，即构成发盘。一个建议如果写明货物并且明示或暗示地规定数量和价格或规定如何确定数量和价格，即为十分确定。我方对外报货号 10005 北极绒丝袜 500 打，每打 CIF 伦敦 40 英镑，5 打一纸箱，11/12 月装船，限 8 月 10 日复到，符合发盘的构成条件，属于一项有效的发盘。

17. √。《公约》第 16 条第 2 款规定：发盘写明接受发盘的期限或以其他方式表示发盘是不可撤销的，则发盘不能撤销。

18. ×。还盘一经作出，原发盘即告失效，合同不能成立。

19. ×。《公约》第 19 条第 3 款规定：有关货物价格、付款、货物质量和数量、交货地点和时间、一方当事人对另一方当事人的赔偿责任范围或解决争端的措施等的添加或不同条件，均视为在实质上变更发盘条件，实质性变更发盘的条件相当于一项新的发盘。因此合同不能成立。

20. ×。DDP 属于进口国完税后交货的贸易术语。

五、案例分析题

1. 答：合同已成立。

（1）按《公约》规定，对投递延误造成的逾期接受原则上可构成有效接受，除非原发盘人及时表示拒绝。

（2）A 公司对此逾期接受未作任何表示，因此 G 的接受有效，合同成立。A 公司应按约定发货。

2. 答：本案应本着实事求是的原则来处理，以后的各批交货应当严格按照合同规定的规格履行，但是 A 由于信赖 B 而更改规格，对于 A 已按照 B 口头通知的规格生产的货物，B 有义务接受，不能拒绝收货和付款。

但本案中 A 公司是应吸取必要的教训的。A、B 双方合同以书面作出，合同明文规定“一切更改或废止均以书面作出为准”。因此在该合同项下的任何修改或废止，均应以书面作出，否则不发生法律效力。买方 B 用口头方式提出修改，作为卖方 A 本应坚持合同的规定，要求 B 以书面修改为准，但 A 出于对 B 的信赖，而未坚持依合同办事，实为失误。

3. 答：卖方可以提出异议。买方的发盘不能任意撤销，因为这是一项不可撤销的发盘，它规定了 1 个月的有效期，卖方有理由相信买方的发盘是一项不可撤销的发盘，并已本着此项信赖行事。

A 公司如认为按买方发盘条件达成的交易有利可图，可以拒绝买方撤盘，并在限期内表示接受订立合同；如买方坚持撤销其发盘，A 公司则可按实际支出的费用加上如果达成合同可望获得的合理利润向买方提出损害赔偿要求。

4. 答：合同已成立。

（1）法商发盘是不可撤销的：我方询盘中已明确告知对方我方邀请发盘的意图；法商知悉我方意图后向我方发盘，我方有理由相信该项发盘是不可撤销的，并已本着该项信赖行事，参与了投标。

（2）该项发盘未规定有效期，应视为合理时间有效，本案中合理时间应为开标后若干天。

（3）法商 5 月 20 日来电撤销发盘，我方立即拒绝，撤销不能成立。

（4）我方中标后立即通知法商接受，接受有效，合同成立。

5. 答：合同已经成立。

中英双方均是《公约》的缔约国，双方未排除《公约》的解释，因此本例适用《公约》。公约中规定有条件的接受如属非实质性的变更，原则上仍构成有效接受，除非原发盘人及时表示反对其间的差异。B 公司 23 日的来电是一个非实质性变更的有条件接受，A 公司在收电后即着手备货，并未及时反对其间的差异，因此该有条件的接受构成一项有效接受。合同依法成立。

6. 答：合同的价格条件是明确的。由于这份合同是为期八年的供货合同，不可能一次把十年的价格定死，因而只能采取活价条款，即合同中明确规定的“每三个月由双方议定价格一次”，这种作价方法是合理的。

双方合同是有效的。该合同对买卖的商品（一级花生油）、交货的时间和数量（每月 10 吨）以及作价方法（每三个月由双方议定价格一次）等主要交易条件都有明确规定；而按《公约》规定：“一个建议如果写明货物并明示或暗示规定数量和价格或规定如何确定数量和价格，即为十分确定。”因此，这份合同的主要条件是明确、完整的，合同是有效的。

7. 答：全式格式合同是指含有格式条款且正背面都有内容的合同。所谓格式条款是当事人为了重复使用而预先拟定，并在订立合同时未与对方协商的条款。格式合同是某些行业在进行频繁的、重复性的交易的过程中，为了简化合同订立的程序而制成的。这种含有格式条款的合同在实践中应用比较多，所以接受格式条款的一方在签订合同时就需要仔细审查合同的内容。本案是格式合同所引起的争议。国内传统的外贸格式合同，由于背面的格式条款由中方事先拟就，其内容一般对中方有利。但在处理某些国际货物买卖纠纷过程中，这种形式已经不能适应当前的交易需要，而且如果用得不好，反而对中方不利。为解决传统格式合同在使用过程中的弊端，最妥善的办法是，改变目前外贸公司格式合同的形式，取消印制背面条款的传统做法，将所有合同条款印制在一面纸上。另一种方法是在格式合同的正面及背面均签字，并且将合同两面都传真给外方，要求外方在两面签字后回传。

8. 答：合同不成立。口头发盘必须当场接受才有效。B 商 4 月 20 日在我发盘后未置可否并离开，此时我发盘已失效，第三天 B 再对失效的发盘表示接受，显然无效。因市价发生对我有利的变化，因此我应对对方的接受予以拒绝。

六、技能实训题

（一）函电往来法律效力判断训练

1. 12 月 8 日来电：询盘。

2. 12 月 10 日去电：邀请发盘。

3. 12 月 11 日来电：邀请发盘。

4. 12 月 15 日去电：发盘。

5. 12 月 17 日来电：还盘。

6. 12 月 19 日去电：还盘。

7. 12 月 22 日来电：接受。

（二）交易磋商常用句型翻译训练

1. 翻译：此发盘有效期为 7 天。

含义：这是一个发盘中对有效期的说明。根据《公约》的规定，发盘人在电报或信件内规定的接受期间，从电报交发时刻或信上载明的发信日期起算，如信上未载明发信日期，则从信封上所载日期起算。受盘人在该发盘相关的起算日期起 7 天内可以还盘或接受，超过 7 天，该发盘失效。

2. 翻译：由于市场价格坚挺，处于上升趋势，我们建议你方毫无延迟地接受我们的报价。

含义：这是发盘人（卖方）希望受盘人（买方）能够尽快接受卖方报价的一种劝导性的说明。表明现在的报价比较优惠，如果不接受本报价的话，该商品的价格将会上涨，对买方不利。

3. 翻译：兹就该商品向贵方报价如下：……兹随函寄上该商品的现行价格表一份，

请查收。

含义：这应该是一份询盘受理的信函，即在收到询盘后向对方进行报价说明。

（三）合同条款修改训练

1. 修改意见：

数量：10 公吨，允许卖方多交或少交 5%

包装：双层机制麻袋装，每袋 25 公斤净重

装运：20 × ×年 7 月份装运，由中国广州至荷兰鹿特丹，允许分批装运

价格：CIF 鹿特丹每公吨 1 000 美元，总值 10 000 美元

2. 修改意见：

数量：10 公吨，允许卖方多交或少交 5%

包装：双层机制麻袋装，每袋 25 公斤净重

装运：20 × ×年 7 月份装运，由中国大连至巴西里约热内卢港，允许分批装运

价格：CIF 里约热内卢每公吨 1 000 美元，总值 10 000 美元

保险：由卖方按照 CIC 条款向 PICC 投保 110% 发票金额的“仓至仓”条款的平安险

支付：买方开立 100% 不可撤销的即期 L/C，凭单付款

检验：以卖方在装运港口岸商检机构的检验为最后依据

3. 修改意见：

品质规格：杂质最高 3%，含油量不低于 29%

数量：2 500 公吨，允许卖方多交或少交 5%

装运：20 × ×年 7 月份装运，由中国广州至悉尼，允许分批装运

价格：CIF 悉尼每公吨 500 美元

保险：由卖方按照 CIC 条款向 PICC 投保 110% 发票金额的“仓至仓”条款的平安险

支付：买方开立 100% 不可撤销的即期 L/C，凭单付款

检验：以卖方在装运港口岸商检机构的检验为最后依据

4. （1）品质条款中“光洁”是一个十分含糊的概念，存在纠纷可能；后面部分存在的隐患更大，极易使卖方陷于被动。

（2）装运前由买方检验，并签署确认书，极易使卖方陷于被动。

（3）由卖方预付保证金，极为不当。

（4）价格诱人，金额大，应严格管理合同，切勿急功近利，上当受骗。

（四）合同条款拟定训练

售货确认书主要条款如下：

货名：飞鸽牌自行车

规格：JA－1 型

数量：3 500 架

包装：木箱装

单价：每架 60 美元 CFR C 3 科威特

总值：210 000 美元

装运期：11—12 月装运

付款条件：不可撤销、全部发票金额之即期汇票信用证，在天津议付，有效期须延至转运日期后第15天在中国到期。该信用证不得迟于10月20日开抵卖方。

（五）合同填制训练（略）

模块三　合同条款的内容及拟定（一）——品质、数量和包装条款

一、填空题

1. 内在素质　外观形态
2. 损害赔偿　修理或交付替代货物　拒收货物和撤销合同
3. 凭规格　凭等级　凭标准　凭说明书和图样　凭品牌或商标　凭产地名称
4. 拒收多交的部分　收取多交部分中的一部分或全部
5. 公量
6. 溢短装的幅度　溢短装的选择权　溢短装部分的计价
7. 销售包装　运输包装　中性包装
8. 唛头　收货人简称　参考号　目的地　件号
9. 运输标志　指示性标志　警告性标志
10. 数量　单位

二、单项选择题

1. C。一般对于价值较低的交易，比如粮食、化肥、水泥、矿石等，其包装物重量可以忽略，通常以毛重作为计价的基础，商业习惯称之为“以毛作净”。

2. A。样品通常是指从一批货物中抽取出来的，或由生产部门、使用部门加工、设计出来的，足以反映和代表整批货物质量的少量实物。如果是“货”、“样”不能做到完全一致的商品，则不应采用凭样品交易来了解商品的品质，因为在交货验收时会遇到困难。

3. B。用公量来计算货物的重量，一般适合于含水量受空气湿度等自然因素影响极不稳定而其经济价值又较高的商品，如生丝、羊毛和棉花等。

4. C。《UCP600》规定：除非信用证规定所列的货物数量不得增减，在支取金额不超过信用证金额的条件下，即使不准分批装运，货物数量也允许有5%的伸缩，该规定只针对散装货物，以包装单位或个数计数时不适用。

5. B。卖方和买方都可以提供运输标志，如果在合同里没有约定，一般由卖方来设计运输标志。

6. C。凭样品买卖通常针对那些难以用文字来描述商品品质的交易，比如服装、工艺

品等。

7. B。计算重量的方法有毛重、净重、公量、理论重量等，如果合同中未明确规定以何种方法计重，根据《公约》规定，应该采用净重。

8. C。对于价值较低商品的交易，通常以毛重作为计价的基础，商业习惯称之为“以毛作净”。

9. A。对于溢短装部分的计价，合同未约定时，按合同价格计算。

10. C。《UCP600》规定：凡“约”、“近似”、“大约”或类似意义的词语用于信用证金额或信用证规定的数量或单价时，应解释为允许对有关金额或数量或单价有不超过10%的增减幅度。

11. C。《UCP600》规定：除非信用证规定所列的货物数量不得增减，在支取金额不超过信用证金额的条件下，即使不准分批装运，货物数量也允许有5%的伸缩。该信用证规定“数量为1 000公吨，每公吨2万美元，总金额为2 000万美元”，虽然是散装货交易，但因为信用证金额的限制，交货数量可以在5%的幅度内少交货，但不能多交货，因为即使多交货物拿到的货款最多也只有2 000万美元。

12. A。运输标志一般包括四项内容：收货人或买方名称简称、参考号、目的地、件号，其作用主要是便于管理、方便统计、防止错运、方便清点查验、便于识别货物，以上四项内容要体现在相关单据中。而指示性标志和警告性标志是给相关操作人员在装卸、运输和存储过程中以提示或警告，不需要体现在相关单据中。商标一般体现在货物包装上，并不需要体现在单据中。

13. A。根据《公约》规定，卖方按照约定的数量交付货物是卖方的一项基本义务。如果货物少于约定的数量，卖方需要在规定交货期届满之前补齐，但不得使买方遭遇不合理的不便或承担不合理的开支，即使如此，买方也保留要求损害赔偿的权利。仅仅就数量条款来说，该公司要按合同约定的数量发货。

14. C。根据国际惯例，一般包装费用隐含在商品价格里面，不另外列示。

15. B。指示性标志用于提示相关操作人员在装卸、运输和存储过程中需要注意的事项，一般都是以简单、醒目的图形或文字显示在外包装上。货物的外包装箱上印有一只酒杯，即提示货物为易碎品，提示相关工作人员要轻拿轻放，防止碰撞，这是一个指示性标志。

16. A。中性包装是指找不出商品产地或来源的包装，也就是没有标明生产国别、地名和厂商名称的包装。

17. D。在国际贸易中，常见的度量衡制度有公制、英制、美制和国际单位制，我国法定的度量衡制度以国际单位制为基础。

18. A。“Shipping Mark”中文含义为“运输标志”；“Customary Tare”中文含义为“习惯皮重”；“Bulk Cargo”中文含义为“散装货物”；“Sale by Seller's Brand”中文含义是“依据卖方品牌销售”。

19. A。“Poison”是有毒的意思，往往与骷髅图案结合在一起，这就是我们常见的有毒危险性标志。

20. B。《UCP600》规定：凡“约”、“近似”、“大约”或类似意义的词语用于信用证金额或信用证规定的数量或单价时，应解释为允许对有关金额或数量或单价有不超过10%的增减幅度。而且“约”、“近似”、“大约”等类似词语应用到哪一项就解释哪一项，不能类推。该题中，“大约”只应用到数量前面，金额前面并没有类似词语。虽然根据《UCP600》的解释，可以多装10%货物，但拿到的货款依然是120 000美元，所以最多可以装20 000双。

三、多项选择题

1. ABC。《公约》规定：若卖方交货数量大于约定的数量，买方可以拒收多交的部分，也可以收取多交部分中的一部分或全部，但应按合同价格付款。

2. ABCD。在国际贸易中，常见的度量衡制度有公制、英制、美制和国际单位制。

3. ABD。《公约》规定：如果卖方交货数量少于约定的数量，卖方需要在规定交货期届满之前补齐，但不得使买方遭遇不合理的不便或承担不合理的开支，即使如此，买方也保留要求损害赔偿的权利。

4. ABC。按照国际惯例，溢短装的选择权归卖方，有时承运人和买方也可以选择溢短装幅度。

5. ABC。规定商品品名时要注意：品名条款的内容和文字要做到简单、具体、明确、符合实际，切勿笼统地规定，以免引起误解，同时要采用国际上通用的名称。

6. ACD。运输包装上的标志主要有运输标志、指示性标志和警告性标志。

7. ABC。合同中的溢短装条款内容主要包括：溢短装的幅度、溢短装的选择权和溢短装部分的计价。

8. ABD。选项A表示包装箱向上放置；选项B表示包装箱存放时怕湿、怕雨淋，雨天要注意遮盖；选项D表示货物怕热，存放时要注意遮阳，这三个都是常见的指示性标志。选项C表示货物有毒、有危险，是警告性标志。

四、判断题

1. ×。在国际贸易中，商品品质的规定一般要有一定的灵活度，以方便卖方交货。该题中对商品品质的有关指标规定太死，不利于卖方交货。

2. ×。商品品质的词语描述要切合实际，应避免将品质要求描述得过高，以免给卖方交货带来困难。

3. ×。对于溢短装部分的计价，合同未约定时，按合同价格计算。

4. ×。“小心轻放”属于指示性标志。

5. ×。凭样品交易中，所选择的样品的质量一定要能够代表货物的整体质量水平，既不能过高也不能过低，不是所有样品都能作为卖方交货品质的依据。

6. √。品质公差，是指工业品生产中由于科学技术水平、生产水平及加工能力所限而产生的国际上公认的误差。卖方交货品质在公差范围内就可以认为其符合合同质量要求，买方无权拒收或提出降价等异议。

7. ×。“Metric Ton”指公吨，如果合同里数量单位为“Ton”，就容易引起争议，因为吨在不同国家可以理解为“公吨”、“长吨”、“短吨”，其表示货物的重量大小是不一样的。

8. √。交货数量的机动幅度可以由买方或卖方选择，但不论由谁选择，每次装货数量均不能超过承运人宣布的船舶装载量，也就是说船方亦有权选择交货数量机动幅度。

9. ×。按样品提供者的不同，凭样品交易可以分为凭买方样品交易买卖、凭卖方样品买卖和对等样品买卖，但凭买方样品时要注意卖方能否达到买方样品所体现的生产工艺、技术要求、生产设备等，凭买方样品交易时卖方很多时候会显得很被动。

10. ×。运输包装的主要作用在于保护商品、方便储运、防止在储运过程中发生货损货差。

五、计算题

1. 公量 = 商品净重 ×（1 + 标准回潮率）÷（1 + 实际回潮率）
   = 120 ×（1 + 11%）÷（1 + 13%）
   ≈117.88（公吨）

2. 总毛重 = 240 × 9.5 = 2 280（公斤）
   总体积 = 0.5 × 0.4 × 0.3 × 240 = 14.4（立方米）
   总净重 = 每箱净重 × 数量
   =（9.5 − 1.5）× 240
   = 1 920（公斤）

3. （1）溢短装条款。
   （2）2 000 + 2 000 × 5% = 2 100（箱）
   2 000 − 2 000 × 5% = 1 900（箱）
   最多装 2 100 箱，最少装 1 900 箱。
   （3）2 050 × 200 = 410 000（美元）

六、案例分析题

1. 答：银行拒付有理。《UCP600》规定：凡“约”、“近似”、“大约”或类似意义的词语用于信用证金额或信用证规定的数量或单价时，应解释为允许对有关金额或数量或单价有不超过10%的增减幅度。但是，这里的“约”应用到哪一项就解释哪一项，不能类推。本案例中，“数量大约20公吨”表示在不超过信用证金额的情况下，交货数量可以有10%的增减幅度，而信用证金额为10 000美元，单价为每公吨500美元。如果交货数量为22公吨，货款金额则为11 000美元，超过了信用证要求的金额，银行有理由拒绝支付。

2. 答：对方的做法有道理。《公约》规定：卖方交付的货物如果未按合同规定的方法装箱或者包装，均构成违约。本案例中，合同约定的是用“双层旧麻袋”进行包装，而实际是用“单层新麻袋”进行包装，变更包装材料后，有可能给买方在装卸、拆解等方面造成一定的麻烦，支付额外的费用，而且根据《公约》的规定，卖方是违约的，买方要求索赔是有道理的。

3. 答：这种做法不妥当。《公约》规定：卖方交付货物，必须符合约定的质量。这里的符合指的是交货的质量既不能高于也不能低于约定的质量。本案例中，合同约定的大蒜品质是三级，而所交货物的品质是二级，有可能给买方在生产加工、运输、保管等方面造成不便，造成额外损失。而且根据《公约》的规定，卖方是违约的，买方有可能要求卖方赔偿损失，甚至撤销合同。

七、操作题

1. ABC
HONGKONG
HT13051601
C/N. 1 – 200

2. SUN CO. LTD.
NEW YORK
DL20140801
C/N. 1 – 100

模块四　合同条款的内容及拟定（二）——价格条款

一、填空题

1. 计量单位　单位金额　计价货币　贸易术语
2. FOB　CFR　CIF
3. 价格　责任　费用　风险
4. 《1932 年华沙—牛津规则》《美国对外贸易定义修订本》《国际贸易术语解释通则》
5. FOB　CFR　CIF　FAS
6. 装运港船上　货交承运人
7. EXW　DDP
8. 运输终端交货　卖方　目的地交货　买方
9. 成本　费用　利润
10. 单价　总值

二、单项选择题

1. A。CFR 英文全称为“Cost and Freight”，中文含义为“成本加运费”。

2. A。FOB 和 FCA，前者仅适用于水上运输，后者适用于任何运输方式。两者都是由买方办理运输手续，都是由卖方办理出口手续、买方办理进口手续，风险和费用的转移都是同步的。

3. B。CFR 术语规定了卖方支付由装运港到目的港的运费，但货到目的港后的卸货费用到底由谁来承担没有明确规定，为了解决租船运输情况下的卸货费用承担问题，就产生了贸易术语的变形。

4. C。CFR 的买方要承担货物运输保险的责任和义务，而 CIF 情况下货物运输保险的责任和义务由卖方承担。

5. A。FOB 术语的变形主要有五种情况：FOB Liner Terms（班轮条件）、FOB Under Tackle（吊钩下交货）、FOB Stowed（理舱费在内）、FOB Trimmed（平舱费在内）、FOB ST（包括理舱费和平舱费在内），前两个变形卖方不用承担装船费用，后三个的装船费用由卖方承担。

6. D。FAS 术语要求卖方将货物交到买方派来的船边，如果所派来的船不能靠岸，需要由卖方租用驳船将货物运到买方派来的船边才算完成交货义务。

7. C。DAT 是运输终端交货，卖方要将货物运到双方指定的买方所在地的运输终端并卸下交给买方才算完成交货义务，是实际交货的术语。

8. B。一个完整的进出口商品单价有四个组成部分：计量单位、单位金额、计价货币和贸易术语。使用时一定要正确规范。A 选项货币使用错误，C 选项 CFR 后面应该为我国港口，D 选项 FCA 后面应该是国外的地点。注意该题是“进口报价”。

9. C。佣金是中间商介绍生意或因代买代卖而向出口商（或进口商）收取的一定的报酬。

10. C。佣金的表示，可以在贸易术语后面加上佣金的缩写字母“C”。而 A、B、D 三个选项是 FOB 术语的三个变形。

11. D。硬币指在国际金融市场上汇价坚挺并能自由兑换、币值稳定、可以作为国际支付手段或流通手段的货币，也可以说成是货币购买力有增加趋势的货币。与此相反的可以理解为软币。所以出口时应尽量选用硬币，进口时应尽量选用软币。

12. C。EXW 中文含义为“工厂交货”，卖方在工厂就可以完成交货，之后的风险由买方承担，包括出口海关手续，所以 EXW 是卖方责任、风险、费用最小的术语，相反是买方责任、风险、费用最大的术语。

13. C。FOB 的保险手续和费用由买方承担，CIF 的保险手续和费用由卖方承担。

14. D。CIF 的卖方要承担租船订舱和办理保险的费用，CFR 的卖方只需承担租船订舱的费用，FOB 的卖方不需要承担租船订舱和办理保险的费用。

15. A。CIF 属于装运港船上交货，装运地点只能是港口，又因为是进口报价，所以装运地点只能是国外的港口。

16. C。FOB 术语由卖方办理出口手续，由买方办理进口手续。

17. D。包含佣金的价格称为含佣价，计算公式：含佣价 = 净价/（1 - 佣金率）。

18. D。含佣价 = 净价/（1 - 佣金率） =1 000/（1 -5%） ≈1 052. 63。

19. C。CIF 术语的变形有四种情况：CIF liner Terms（班轮条件）、CIF landed（卸至码头）、CIF Ex Tackle（吊钩下交接）、CIF Ex Ship's Hold（舱底交接）。前三个术语变形由卖方负责卸货，最后一个术语变形由买方负责卸货。

20. B。象征性交货是指卖方只要按期在约定地点完成装运，并向买方提交合同规定的包括特权凭证在内的有关单证，就算履行了交货义务，而无须保证到货。象征性交货条件下，卖方凭单交货，买方凭单付款。

21. C。使用集装箱运输货物时，卖方的义务不是将货物装到船上，而通常是将货物在集装箱码头移交给承运人，这时不宜使用 FOB，应使用 FCA 术语，使用 FCA 可以将风险提前转移给买方。

22. B。在 DAT 术语情况下，卖方在指定目的地的运输终端交货，要负责将货物从到达的运输工具上卸下，也就是说卖方要负责卸货。

23. B。在 CIF Landed（CIF 卸至码头）情况下，由卖方承担将货物由载货船舶上卸到目的港岸上的卸货费，在货船不能靠岸需要驳船运输时，驳船费用也由卖方承担。

24. B。EXW 和 DAT 属于实际交货的术语，FOB 属于象征性交货但不是内陆交货的术语。

25. D。在 DDP 情况下，所有的进出口手续和费用都由卖方办理和承担。

三、多项选择题

1. ABE。《2010 通则》将十一种贸易术语按照使用范围分为两大类：一类称为全能贸易术语，适用于任何单一运输方式或多种运输方式，包括 EXW、FCA、CPT、CIP、DAT、DAP 和 DDP；另一类称为水运贸易术语，只适用于海运和内河运输，包括 FAS、FOB、CFR 和 CIF。

2. AC。一个完整的进出口商品单价有四个组成部分：计量单位、单位金额、计价货币和贸易术语，使用时一定要正确规范。B 选项 CIF 后面是目的港，应该是国外的港口；D 选项 FOB 后面是装运港，应该是国内的港口。

3. AD。在 EXW 情况下，出口手续和进口手续都由买方负责办理；在 DDP 情况下，出口手续和进口手续都由卖方负责办理。

4. ABD。CFR 只适用于水上运输，买卖双方划分风险为装运港船上，交货地点是装运港船上；CPT 适用于任何运输方式，买卖双方划分风险的界限以货交承运人为界，交货地点是承运人所在之处或指定地点。这两个贸易术语的价格构成相同，价格里都包含主运费，不包含保险费。

5. BCE。DAT、DAP、DDP 三个贸易术语都是由卖方自担风险将货物运输到进口商国内，在指定的运输终端或其他地点，将货物交给买方，完成交货义务。这三个术语都是在进口国内完成交货的术语。

6. ABD。FCA、CPT、CIP 三个贸易术语都是将货物交给指定的承运人，完成交货义务，适用于任何运输方式。

7. BCD。贸易术语的变形仅仅是为了解决在装货或卸货过程中装货费或卸货费由谁承担的问题，不改变货物风险划分的界限，也不改变交货地点，更不改变支付方式。

8. ABCD。一个完整的进出口商品单价由四个部分组成：计量单位、单位金额、计价货币和贸易术语。

9. ACE。根据《2010 年通则》的解释，属于象征性交货的术语有 FOB、CFR、CIF、FCA、CPT、CIP、FAS，属于实际交货的术语有 EXW、DAT、DAP、DDP。

10. ABE。FOB、CFR 、CIF 的共同点有：风险划分的界限相同，都是以装运港船上交货为界；交货地点相同，都是在装运港船上；合同的性质相同，都属于装运合同；适用的运输方式相同，都只适用于水上运输；都属于象征性交货；海关手续办理方相同，都是出口海关手续由卖方负责，进口海关手续由买方负责。

四、判断题

1. ×。FOB 后面是装运港，CIF 后面是目的港，但二者都是在装运港船上完成交货的术语。“CIF 纽约”也是在装运港完成交货的术语。

2. √。CFR 是象征性交货的术语，卖方凭单据交货、买方凭单据付款。

3. √。根据国际惯例，如无明确规定，卖方只须投保最低限度的险别即可，参照我国海洋货物运输保险条款就是平安险，投保金额为 CIF 或 CIP 金额的 110%。

4. ×。佣金有明佣和暗佣之分。明佣指在出口商业发票上明确注明价格条款中规定的佣金；暗佣是指价格条款中没有规定，出口商业发票上只显示货物总额，但在合同中有所规定的佣金。折扣一般是明扣，没有暗扣。

5. ×。FOB 的卖方不用承担租船订舱和办理保险的责任和费用，而 CIF 的卖方要承担租船订舱和办理保险的责任和费用，但是这两个贸易术语买卖双方划分风险的界限是一样的，都是以装运港船上为界。

6. ×。佣金是中间商介绍生意或因代买代卖而向出口商（或进口商）收取的一定的报酬，折扣是指卖方按原价给予买方的一定比例的价格减让。

7. √。贸易术语的变形不改变风险划分的界限，也不改变交货地点，所以 CIF 和 CIF Ex ship's Hold 买卖双方风险划分的界限是完全相同的。

8. √。“硬币”指在国际金融市场上汇价坚挺并能自由兑换、币值稳定、可以作为国际支付手段或流通手段的货币，也可以说成是货币购买力有增加趋势的货币。与此相反的可以理解为“软币”。所以出口时应尽量选用“硬币”，进口时应尽量选用“软币”。

9. ×。CFR 的卖方不用承担办理保险的责任和费用，而 CIF 的卖方要承担办理保险的责任和费用，但是这两个贸易术语买卖双方划分风险的界限是一样的，都是以装运港船上为界，装船后的货物风险都由买方承担。

10. ×。按照 FOB、CIF、CFR 贸易术语成交，货物在置于装运港船上之后，风险即由卖方转移给买方。但是，如果交货质量、数量或包装不符合合同要求的话，依据《公约》规定，买方有权向卖方索赔。

11. √。在 FCA 情况下，如果双方约定的交货地点是在卖方所在地，卖方必须负责把货物装上买方安排的承运人所提供的运输工具上，才算履行了交货义务；如果交货地点是在其他地方，卖方则可在自己所提供的运输工具上将货物交给承运人，即履行了交货义务，而无须负责卸货。

12. ×。FAS 术语要求卖方将货物交到买方派来的船边，如果所派来的船不能靠岸，需要由卖方租用驳船将货物运到买方派来的船边才算履行了交货义务。

13. ×。在 FOB 情况下，装船后发装船通知买方是卖方的义务。尽管该术语由买方指定承运人并安排运输，且合同中没有明确要求卖方发装船通知，但是如果卖方不及时发装船通知而耽误了买方购买保险，装船后的风险依然由卖方承担。

14. √。CIF 情况下由卖方办理货物运输保险，但是货物运输过程中的风险由买方承担，如果货物在运输途中发生了保险范围内的损失，不是由卖方而是由买方持保险单向保险公司索赔。所以说，卖方购买的货物运输保险有很明显的代办性质。

15. ×。FCA、CPT、CIP 都属于货交承运人类的术语，FCA 不办理和承担运输、保险的手续和费用，CPT 只办理和承担运输手续和费用，CIP 既办理和承担运输手续和费用，又办理和承担保险的手续和费用，但是这三个术语买卖双方划分风险的界限相同，都是以货交承运人为界。

五、计算题

1. 净价 = 含折扣价 ×（1 − 折扣率）

   = 860 ×（1 − 2%）= 842.8（美元）

   总净收入 = 净价 × 数量

   = 842.8 × 200 = 168 560（美元）

2. FOB 净价 = FOB 含佣价 ×（1 − 佣金率）

   = 250 ×（1 − 2%）= 245（美元）

   FOB C 5% = FOB 净价/（1 − 5%）

   = 245/（1 − 5%）≈ 257.89（美元）

   所以，提高 3 个百分点佣金后的 FOB 含佣价为 257.89 美元。

3. 单位佣金 = 含佣价 × 佣金率 = 450 × 2% = 9（美元）

   佣金总额 = 单位佣金 × 数量 = 9 × 200 = 1 800（美元）

4. 保险费 = 保险金额 × 保险费率

   = CIF ×（1 + 10%）× 保险费率

   = 2 500 ×（1 + 10%）× 0.5% = 13.75（美元）

   FOB = CIF − 运费 − 保险费

   = 2 500 − 400 − 13.75 = 2 086.25（美元）

5. （1）CFR C 5% = CFR 净价/（1 − 佣金率）

   = 150/（1 − 5%）≈ 157.89（美元）

   （2）CIF = CFR/（1 − 保险费率 × 投保加成）

$=150/(1-1\%\times110\%)\approx151.67$（美元）

CIF C 5% = CIF 净价/（1 − 佣金率）

$=151.67/(1-5\%)\approx159.65$（美元）

6. 保险费 = 保险金额 × 保险费率

= CIF ×（1 + 10%）× 保险费率

$=132.6\times(1+10\%)\times2\%$

≈2.92（港元）

CFR = CIF − 保险费 $=132.6-2.92=129.68$（港元）

CFR C 5% = CFR 净价/（1 − 5%）

$=129.68/(1-5\%)$

≈136.51（港元）

六、案例分析题

1. 答：买方的要求不合理。在 FOB 条件下，租船订舱是买方的责任和义务，如果买方不方便租船订舱，可以委托卖方代为租船订舱，费用由买方承担，但是租不到仓位的风险由买方承担。该案例中，买方委托我方租船，而我方在约定期限无法租到合适的船，买方又不同意更换条件，所造成的装运延误风险，应该由买方承担。所以买方提出撤销合同的要求是不合理的。

2. 答：买方的做法不合理。在 FOB 条件下，买卖双方划分风险的界限是装运港船上，货物置于装运港船上之前的风险属于卖方，置于装运港船上之后的风险属于买方。该案例中，我方按时装船并发装运通知，货物在海上受损的风险应由买方承担，买方不能以此为由拒绝赎单。

3. 答：我方有责任。在 FOB 条件下，货物装船后及时向买方发装船通知是卖方的义务，如果卖方没有及时给予买方装船通知，耽误了买方买保险，货物装船后的风险依然由卖方承担。该案例中，货物是在 2014 年 5 月 10 日上午装船完毕的，到 5 月 12 下午我方才给买方发装船通知，显然这个装船通知是不及时的。而装运货物的轮船于 5 月 11 日凌晨在海上遇难，这个风险损失应该由我方承担。

4. 答：该合同的性质不属于真正的 CIF 合同。在 CIF 条件下，买卖双方划分风险的界限是装运港船上，货物置于装运港船上之后的风险由买方承担，卖方无须保证货物按时安全到达目的港。而该合同又要求“卖方保证运货船只不得迟于 6 月 15 日驶抵目的港。如货轮迟于 6 月 15 日抵达目的港，买方有权取消合同。如货款已收，卖方须将货款退还买方”，显然与 CIF 的规定相违背。所以该合同的性质就不能算 CIF 合同了。

5. 答：我方的要求合理。在 CIF 条件下，购买保险是卖方的一项基本义务，如果卖方没有办理投保手续，不管货物在运输途中是否有损失，都算卖方违约。该案例中，越南某出口公司考虑到运输距离比较近，天气良好，就没有办理保险，尽管货物安全到达广州，越方还是没有尽到自己的义务。恰逢国内大米价格下跌，我方以越方没有购买保险为由拒收货物、拒付货款是有事实根据的。

模块五　合同条款的内容及拟定（三）——货物运输条款

一、填空题

1. 海洋运输
2. 班轮运输　租船运输
3. 定程租船　定期租船
4. 记名　不记名　指示
5. 港口　航期
6. 速遣费
7. 备运提单
8. 不清洁
9. 物权
10. 以后
11. 不记名
12. 航程
13. 滞期费
14. 舱面提单
15. 指示
16. 第一程
17. 过期提单
18. 倒签提单
19. 整箱货
20. 整箱交、整箱收

二、单项选择题

1. A。根据货物的重量、体积和价值主要将运费分为三种计算方法，船公司在收取运费时往往选择对其最有利、可收运费最高的一种计收方法。班轮运费由基本运费和附加费构成。基本运费的计收标准有以下几种：

（1）按重量吨（WEIGHT TON）计收。运价表上用“W”表示。按货物毛重（公吨）计算，吨以下取小数点后三位。适用于价值不高、体积小、重量大的货物。

（2）按尺码吨（MEASUREMENT TON）计收。运价表上用“M”表示。按货物体积（立方米）计算，立方米以下取三位小数。适用于价值不高、重量轻、体积大的货物。重量吨和尺码吨统称为运费吨或计费吨（FREIGHT TON，缩写 FT）。

（3）按价格计收。俗称从价运费，运价表上用“Ad. Val”或“A. V.”表示。以货物价值作为运费计收标准，一般按 FOB 价收百分之零点几到百分之零点五的运费。适用于黄金、白银、精密仪器、手工艺品等贵重商品。

（4）按重量吨或尺码吨计收。运价表上用“W/M”表示。这是常见的一种计收标准，由船公司选择其中数值较高的一种计收。

（5）按重量吨或尺码吨或从价运费计收。运价表上用“W/M or A. V.”表示。由船公司从三种计收标准中选择收费最高的一种计收。

（6）以重量吨或尺码吨中收费较高的作为标准再另行加收一定百分比的从价运费。运价表上用“W/M plus A. V.”表示。

2. A。在国际货贸运输中，涉及的运输方式很多，其中包括海洋运输、铁路运输、航空运输、河流运输、邮政运输、公路运输、管道运输、大陆桥运输以及由各种运输方式组合而成的国际多式联运等。在国际货物运输中，运用最广泛的是海洋运输（ocean transport），它在国际货物运输总量中占 80% 以上。铁路运输（rail transport）是仅次于海洋运输的主要运输方式。

3. C。租船订舱指在贸易过程中进口商或者出口商向船公司或者代理公司订舱位来运输自己的产品，是所有贸易中都需要的。而租船订舱又可以分为班轮运输和租船运输。

班轮运输主要用于零星成交、批次较多、到港分散的货物运输，其特点有：

（1）“四固定”：固定航线、固定港口、固定船期和相对固定的运费率。

（2）班轮公司和货主一般不订立合同，双方的权利义务和责任豁免以签发的提单条款为依据。

租船运输又称不定期船运输，主要用于大批量的货物。

4. B。连续 24 小时晴天工作日是指除去星期日、节假日、天气不良影响作业的工作日或工作小时后，其余所有时间从午夜至午夜连续计算、以 24 小时为一日的表示装卸时间的方法。这一规定比较公平合理，是目前使用较多的一种表示装卸时间的方法。

5. A。采用定程租船运送货物时，船方对装卸费用的收取主要取决于程租租约中的有关条款：

FIO = FERR IN AND OUT，即船东不承担装卸费，都由承租人承担。

FILO = FREE IN LINER OUT，即船东管卸不管装，类似 FOLI = FREE OUT LINER IN。

FIOST = FREE IN OUT STOWAGE TRIM，船东不承担装卸、积载、平仓费用。

LILO = LINER IN LINER OUT，船东管装管卸。

6. D。海洋运输主要有下列特点：

（1）通过能力大。海洋运输可以利用四通八达的天然航道，它不像火车、汽车那样受轨道和道路的限制。

（2）运量大。海洋运输船舶的运载能力，远远大于铁路运输车辆和公路运输车辆。如一艘万吨船舶的载重量，一般相当于 250 ~ 300 个车皮的载重量。

（3）运费低。海运运量大，航程远，分摊于每货运吨的运输成本较少。

7. D。班轮运输的运费一般由基本运费和附加运费构成。

（1）基本运费：从装运港到目的港的基本费用，是根据基本运价（BASIC FREIGHT RATE）和计费吨（FT，即 FREIGHT TON）算出来的。基本运费形式多样，如普通货物运价、个别货物运价、等级运价、协议运价、集装箱运价等。

（2）附加运费：指由于有些货物需要特殊处理，或者由于有突发事件发生或客观情况变化等，船方根据不同情况为了弥补在运输中的额外开支或费用而加收的费用。班轮运输中的附加费用有：燃油附加费、港口附加费、港口拥挤附加费、绕航附加费、货币贬值附加费、转船附加费、直航附加费、选港附加费、变更卸货港附加费、超长附加费、洗舱费等。

8. C。提单按收货人的抬头划分为记名提单、指示提单和不记名提单。记名提单不能通过背书流通转让，因而在国际贸易中较少使用。指示提单可以通过记名背书或空白背书进行转让，其流通性强，而且使用安全，因而在国际贸易中使用较广泛。不记名提单无须背书即可转让，这种提单丢失或被窃的风险极大，故国际上较少使用这种提单。

9. B。装船提单是指有显示出装船日期的提单。装船日期指的是装完可以开船的日期。选项 B 中"货于 7 月 4 日全部装完"，表明货在 7 月 4 日已经全部装完，等待开船，此种提单为装船提单。

10. B。国际货物运输单据的种类主要包括海运提单（Ocean Bill of Lading）、海运单（Sea Waybill）、航空运单（Air Waybill）、铁路运单（Rail Waybill）、货物承运收据（Cargo Receipt）和多式联运单据（MTD）等。其中海运提单是承运人收到货物后出具的货物收据，也是承运人所签署的运输契约的证明，提单还代表所载货物的所有权，是一种物权凭证。

11. A。按照《UCP600》规定，凡超过发运日期 21 个日历日后提交的提单为过期提单，但在任何情况下都不得迟于信用证的截止日。如信用证有效期或信用证规定的交单期早于此期限，则以有效期或规定的交单期为最后期限。

12. B。倒签提单是指承运人应托运人的要求在货物装船后，签发提单的日期早于实际装船完毕日期的提单。

13. C。集装箱运输有整箱货（FULL CONTAINER LOAD，FCL）和拼箱货（LESS THAN CONTAINER LOAD，LCL）之分。整箱货由货方在工厂或仓库进行装箱，货物装箱后直接运交集装箱堆场（CONTAINER YARD，CY）等待装运，货到目的港后，收货人可将货物直接从目的港集装箱堆场提走。拼箱货是指货量不足一整箱的货物，拼箱货须由承运人在集装箱货运站（CONTAINER FREIGHT STATION，CFS）负责将不同发货人的少量货物拼在一个集装箱内，货到目的地（港）后，由承运人拆箱拨给各收货人。集装箱货物运输的交接方式主要有：①整箱交、整箱接（FCL/FCL）；②拼箱交、拼箱接（LCL/LCL）；③整箱交、拼箱接（FCL/LCL）；④拼箱交、整箱接（LCL/FCL）。

14. C。海运单就是承运人直接签发给托运人或其代理的表明已收到货物的单证。它只具有货物收据和运输合同这两种性质，并不是物权凭证。

15. B。航运租船合同中，承租人（Charterers）实际使用的装卸时间比合同约定允许使用的装卸时间（Allowable Laytime）短，因而缩短了船舶为装卸作业而停留在港口或泊位的时间，使得船舶产生速遣。船东（Owners）因船舶产生速遣而按双方在合同中约定的速遣费率（Despatch Rate）向承租人支付的费用叫速遣费。速遣费实际上就是船东用来鼓励承租人尽快完成装卸作业、缩短船舶滞港时间以提高船舶营运效率的一种奖励。

16. D。大副收据又称收货单，指当托运人将准备装船的货物送到码头，并由承运人或其办理运输的代理人收讫备运时，该承运人或其代理人（主要是船上大副）根据装载货物的实际情况向托运人签发的一种单证。托运人必须凭大副收据向船公司换取提单。

17. C。提单按收货人的抬头划分为记名提单、指示提单和不记名提单。其中记名提单不能转让；指示提单必须通过记名背书或空白背书才可以转让；不记名提单无须背书即可转让。

18. B。国际货贸运输方式主要包海洋运输、铁路运输、航空运输、河流运输、邮政运输、公路运输、管道运输、大陆桥运输以及由各种运输方式组合而成的国际多式联运等。其中航空运输（Air transport）是一种现代化的运输方式，它与海洋运输、铁路运输相比，具有运输速度快、货运质量高且不受地面条件的限制等优点。因此，它最适宜运送急需物资、鲜活商品、精密仪器和贵重物品。

19. A。国际货贸运输方式主要包海洋运输、铁路运输、航空运输、河流运输、邮政运输、公路运输、管道运输、大陆桥运输以及由各种运输方式组合而成的国际多式联运等。其中管道运输（Pipeline transport）是用管道作为运输工具的一种长距离输送液体和气体物资的运输方式，是一种专门由生产地向市场输送石油、煤和化学产品的运输方式，是统一运输网中干线运输的特殊组成部分。

20. C。备运提单（Received for Shipment B/L）是指承运人已收到托运货物等待装运期间所签发的提单。这种提单没有肯定的装货日期，往往不注明装运船舶的名称，因此买方和银行一般不接受备运提单。

三、多项选择题

1. BC。国际邮包运输（Parcel post Transport）是一种比较简便的运输方式。各国邮政部门之间订有协定和合约，通过这些协定和合约，各国的邮件包裹可以互相传递，从而形成国际邮包运输网。由于国际邮包运输具有国际多式联运和“门到门”运输的性质，加上手续简便，费用也不高，故其成为国际贸易中普遍采用的运输方式之一。

2. BD。国际标准化组织 ISO/TC104 技术委员会自 1961 年成立以来，对集装箱国际标准作过多次补充、增减和修改，现行的国际标准为第 1 系列共 13 种，集装箱计算单位简称 TEU，是英文 Twenty Equivalent Unit 的缩写，又称 20 英尺换算单位，是计算集装箱箱数的换算单位，也称国际标准箱单位。它通常用来表示船舶装载集装箱的能力，也是集装箱和港口吞吐量的重要统计、换算单位。各国大部分集装箱运输采用 20 英尺和 40 英尺长的两种集装箱。

3. ABC。海洋运输主要有下列特点：

（1）通过能力大。海洋运输可以利用四通八达的天然航道，它不像火车、汽车那样受轨道和道路的限制。

（2）运量大。海洋运输船舶的运载能力，远远大于铁路运输车辆和公路运输车辆。如一艘万吨船舶的载重量，一般相当于250～300个车皮的载重量。

（3）运费低。海运运量大，航程远，分摊于每货运吨的运输成本较少。

4. ABCD。班轮运输（Liner Shipping）指轮船公司将船舶按事先制定的船期表（Sailing Schedule），在特定海上航线的若干个固定挂靠的港口之间，定期为非特定的众多货主提供货物运输服务，并按事先公布的费率或协议费率收取运费的一种船舶经营方式。它具有"四固定、一负责"的特点，"四固定"即为固定航线、固定港口、固定船期和相对固定的费率。

5. ABC。租船运输，又称租船，是海洋运输的一种方式，是指租船人向船东租赁船舶用于货物运输的一种方式。租船运输适用于大宗货物运输，航线和港口、运输货物的种类以及航行的时间等，都按照承租人的要求，由船舶所有人确认。租船人与出租人之间的权利与义务根据双方签订的租船合同确定。其基本特点如下：

（1）租船运输是根据租船合同组织运输的，租船合同条款由船东和租方双方共同商定。

（2）船东与租方一般通过各自或共同的租船经纪人洽谈成交租船业务。

（3）不定航线，不定船期。船东对于船舶的航线、航行时间和货载种类等按照租船人的要求来确定，提供相应的船舶，经租船人同意进行调度安排。

（4）租金率或运费率根据租船市场行情来决定。

（5）船舶营运中有关费用的支出，取决于不同的租船方式，由船东和租方分担，并在合同条款中订明。例如，装卸费用条款 FIO 表示租船人负责装卸费，若写明 Liner Term，则表示由船东负责装卸费。

（6）租船运输适宜大宗货物运输。

（7）各种租船合同均有相应的标准合同格式。

6. ABC。海运提单是承运人收到货物后出具的货物收据，也是承运人所签署的运输契约的证明，提单还代表所载货物的所有权，是一种物权凭证。

7. AB。按提单上有无不良批注划分为清洁提单（Clean B/L）和不清洁提单（Unclean B/L or Foul B/L）。其中，清洁提单是指货物外表状况良好，承运人在签发时未加任何有关货物残损，包装不良，件数、重量、体积不符约定，或其他妨碍结汇的批注的提单；不清洁提单是指承运人在签发时加注了不良批注的提单，如加注包装不牢、破残、渗漏、玷污、标志不清等批注。

8. ABC。装运时间的规定方法有：

（1）明确规定具体装运时间，但不确定在某一日期上，而是确定在一段时间内。如果规定在7月份装运（shipment during July），则卖方可在7月1日至7月31日一个月内任何时间装运。

（2）规定在收到信用证后若干天内装运。如：收到信用证后45天内装运（shipment within 45 days after receipt of L/C）。

（3）收到信汇、电汇或票汇后若干天内装运。在 FOB 条件电汇支付的情况下，普遍使用这种方法。例如：收到你方30%电汇货款后30天内装运。

（4）笼统规定近期装运。例如：立即装运（immediate shipment）、即刻装运（prompt shipment）、尽速装运（shipment as soon as possible）。

9. ABCD。装运港和目的港的确定，不仅关系到卖方履行交货义务和货物风险何时转移，而且关系到运费、保险费以及成本和售价的计算等问题，因此必须在合同中具体规定。

装运港的规定方法及注意事项：装运港一般由卖方提出，买方同意后确定。应选择接近货源地、储运设施较完备的港口，同时考虑港口和国内运输的条件及费用水平。

目的港的规定方法及注意事项：①对目的港的规定要力求具体明确。②注意目的港的具体条件。比如，有无直达班轮航线，装卸条件及运费、附加费水平如何等。这些直接关系到货运成本及租船订舱等问题。③一般不接受指定某个码头卸货。如有需要可视承运人是否接受再进行规定。④注意国外港口有无重名问题。⑤不能接受以内陆城市为目的港的条件（多式联运除外）。

10. BCD。连续 24 小时晴天工作日是指除去星期日、节假日、天气不良影响作业的工作日或工作小时后，以昼夜连续作业 24 小时为一个工作日的表示装卸时间的办法。这一规定比较公平合理，是目前使用较多的一种表示装卸时间的方法。

11. AD。作为买方来讲，要尽量避免转运。因为货物中途转运，不仅延误时间和增加费用开支，而且还有可能出现货损货差。进口商如果要禁止任何形式的转运，在申请开证时也应明确列出禁止转运的条款。《UCP600》规定：除非信用证另有规定，可准许转运。

12. BCD。提单按收货人的抬头划分为：

（1）记名提单（Straight B/L）。记名提单又称收货人抬头提单，是指收货人栏中已具体填写收货人名称的提单。这种提单不能经过背书转让，因此在国际贸易中较少使用。

（2）指示提单（Order B/L）。是指在正面“收货人”一栏内填上“凭指示”（To order）或“凭某人指示”（Order of……）字样的提单。指示提单可通过记名背书或空白背书转让。

（3）不记名提单（Bearer B/L，or Open B/L，or Blank B/L）。是指收货人一栏内没有指明任何收货人，而注明“提单持有人”（Bearer）字样或这一栏空白，不填写任何人的名称的提单。这种提单不需要任何背书手续即可转让，其丢失或被窃的风险极大，若转入非善意的第三者手中，极易引起纠纷，故国际上较少使用这种提单。

13. BCD。班轮运输的运费一般由基本运费和附加运费构成。

（1）基本运费：从装运港到目的港的基本费用，是根据基本运价（BASIC FREIGHT RATE）和计费吨（FT，即 FREIGHT TON）算出来的。基本运费形式多样，如普通货物运价、个别货物运价、等级运价、协议运价、集装箱运价等。

（2）附加运费：指由于有些货物需要特殊处理，或者由于有突发事件发生或客观情况变化等，船方根据不同情况为了弥补在运输中额外的开支或费用而加收的费用。班轮运输中的附加费用有：燃油附加费、港口附加费、港口拥挤附加费、绕航附加费、货币贬值附加费、转船附加费、直航附加费、选港附加费、变更卸货港附加费、超长附加费、洗舱费等。

14. CD。装运通知（Shipping Advice），是发货人在货物装船并取得提单后，向买方或其指定的人发出的有关货物装运情况的说明。卖方发送装运通知，主要是因为：①方便买方租订仓库、安排运输工具，以便做好接货及付款的准备；②方便买方投保（以 FOB、CFR 等术语出口时）。

15. BC。OCP 条款中的 OCP 是 OVERLAND COMMON POINTS 的缩写，即陆上运输通常可到达的地点。OCP 地区指内陆地区，按美国的相关规定，以美国西部九个州为界，即以落基山脉为界，其以东地区均定为内陆地区范围，该地区约占全美三分之二的面积。从远东地区向美国 OCP 地区出口货物，如按 OCP 条款达成交易，出口商可以享受较低的 OCP 海运优惠费率，进口商在内陆运输中也可以享受 OCP 优惠费率。若是相反方向，凡从美国内陆地区启运经西海岸港口装船出口的货物同样可按 OCP 运输条款办理。该条款是太平洋航运公会为争取运往美国内陆地区的货物经美国西海岸港口转运而制定的。

四、判断题

1. √。租船运输，又称租船，是海洋运输的一种方式，是指租船人向船东租赁船舶用于货物运输的一种方式。租船运输适用于大宗货物运输。

2. ×。铁路运单、航空运单不是物权凭证。

3. ×。合同规定的装运期为 8/9 月，是一种跨月装运的表示方法，我公司可在 8 月 1 日至 9 月 30 日内任一天装运。

4. √。《UCP600》中规定以下情况不视为分批装运：表明经由同一运输工具并经由同次航程运输的数套运输单据在同一次提交时，只要显示相同的目的地，就不视为部分发运，即使运输单据上标明的发运日期不同或装货港、接管地、发运地不同。

5. × 。指示提单可分为两种类型：记名指示提单和空白抬头提单。空白抬头提单在托运人（即卖方）未指定收货人或受让人之前，货物所有权仍属于卖方。一般卖方都在空白抬头提单背面作空白背书（blank endorsed），将提单转让给银行，银行即取得货物所有权。若信用证规定 endorsed in blank 或 blank endorsed，这都是空白背书的意思，发货人只须在提单背面签章，不作任何记载。空白背书，又称无记名背书，是一种金融文书，指不记载被背书人名称而仅由背书人签章的背书。

6. ×。在按 FOB 条件进口时，由进口方负责租船、订舱、支付运输途中的费用。因此，为了避免货物中途转船延误时间、增加费用开支和造成货损货差，进口方租船、订舱时应争取订租直达船来避免这一问题，而不是在合同中规定“不准转船”条款。当然，如果采用 CIF 条件进口，可以在合同中订明“不准转船”条款。

7. √。班轮运价内包括装卸费用，即货物由承运人负责配载装卸，承托双方不计滞期费和速遣费。

8. ×。W/M 代表择毛重或体积收费高者计收，把毛重的单位统一换算成公吨，为 0.065 公吨，把体积的单位统一换算成立方米，为 0.024 立方米。两者相比较，0.065 大于 0.024，所以应按毛重算。

9. ×。航空运输较为平稳，货物的破损率较低；但海运过程中船舶波动较大，货物的破损率相对较高。

10. √。航空运单（Air Waybill）是承运人与托运人之间签订的运输契约，也是承运人或其代理人签发的货物收据。它不是物权凭证，不能通过背书转让。

11. ×。《跟单信用证统一惯例》规定：除非信用证另有规定，允许分批装运。

12. √。《跟单信用证统一惯例》规定：除非信用证另有规定，可准许转运。

13. × 。国际多式联运是由两种或两种以上的交通工具相互衔接、转运而共同完成的运输过程。它是一票到底的，实行全程单一的运费率。

14. √。OCP 条款中的 OCP 是 OVERLAND COMMON POINTS 的缩写，即陆上运输通常可到达的地点。OCP 地区指内陆地区，按美国的相关规定，以美国西部九个州为界，即以落基山脉为界，其以东地区均定为内陆地区范围。

15. ×。国际多式联运单据由多式联运经营人签发，而且多式联运单据的签发人对所有运程负责。

五、计算题

1. 按体积计算 $=0.5\times0.3\times0.2\times200=6m^3$

按重量计算 $=0.04\times200=8$ 公吨

因为重量 > 体积，所以应以重量计算。

应付运费 = 运费吨 × 基本运费 × （1 + 附加费率）

$=8\times234\times(1+10\%)$

$=2\ 059.2$（港元）

2. 按体积计算 $=0.04\times1\ 200=48m^3$

按重量计算 $=0.025\times1\ 200=30$ 公吨

因为体积 > 重量，所以应以体积计算。

应付运费 = 运费吨 × 基本运费 × （1 + 附加费率）

$=48\times200\times(1+30\%+20\%+10\%)$

$=15\ 360$（元人民币）

3. 按体积计算 $=0.075\times100=7.5m^3$

按重量计算 $=0.025\times100=2.5$ 公吨

因为体积 > 重量，所以应以体积计算。

应付运费 = 运费吨 × 基本运费 × （1 + 附加费率）

$=7.5\times100\times(1+15\%)$

$=862.5$（美元）

4. 货物体积 $=0.6\times0.4\times0.3\times500=36m^3$

因为重量 $=0.06\times500=30$ 公吨

因为体积 > 重量，所以应以体积计算。

运费 = 基本运费 + 附加运费 $=60\times36\times(1+20\%+10\%)+2\times36$

$=2\ 808+72$

$=2\ 880$（美元）

5. （1）由于 W/M，所以 W = 30kg = 0.03 公吨

$M = 0.4m \times 0.3m \times 0.3m = 0.036m^3$，

因为，$0.036 > 0.03$，所以基本运费的计收标准应为 $0.036m^3$。代入公式：

每单位运费 = 计费标准 × 基本运费 ×（1 + 各种附加费率）

$= 0.036 \times 200 \times (1 + 10\% + 10\% + 10\%)$

= 9.36（美元）

（2）应改报的 FOB 价是：

$FOB = CIF - F - I = 355 - 9.36 - 5 = 340.64$（美元）

六、案例分析题

1. 答：A 公司不能顺利结汇。本例中 A 公司提出信用证装运期的延期要求仅得到 B 公司的允诺，并未拿到银行开出的修改通知书，所以 B 公司同意修改是无效的。

信用证上规定装运期为 6 月 15 日，而 A 公司所交提单的签发日是 7 月 10 日，与信用证规定不符，即单证不符，银行可以拒付。

2. 答：A 公司 7 月份出运不能顺利结汇。根据《UCP600》规定，信用证规定在指定的期限内分批装运，任何一批未按期装运，信用证对该批及以后各批装运均可拒付。

3. 答：不需要修改信用证的装运条款。因为若信用证无规定不准分批和转船，则卖方可以分批和转船。在本案中，信用证并没有相关规定，则卖方可以分批装运。

4. 答：这不是违约，银行要议付。

因为运输单据表面上注明货物是使用同一运输工具装运并经同一路线运输的，即使每套运输单据注明的装运日期不同及/或装运港、接受监管地不同，只要运输单据注明的目的地相同，也不视为分批装运。

在本案中，使用的是同一船只、同一航次，且运往同一目的地，不能视为分批装运。所以这不是违约，银行要议付。

5. 答：银行的拒付有道理。晚于提单签发日后 21 天才向银行交单的单据称为过期单据，对于过期单据银行有权拒收。本案中出口商于 7 月 20 日才向银行交单议付，已经超过了最晚交单期限，银行有权拒收。

模块六　合同条款的内容及拟定（四）
——货物运输保险条款

一、填空题

1. 自然灾害　意外事故

2. 全部损失　部分损失
3. 中国保险条款　平安险　水渍险　一切险
4. 一般附加险　特殊附加险
5. 共同海损　单独海损
6. 基本险　附加险
7. 平安险　水渍险　一切险
8. “仓至仓”条款
9. 水上危险
10. 两年
11. ICC（A）　ICC（B）　ICC（C）　战争险　罢工险　恶意损害险

二、单项选择题

1. C。我国海运保险的起讫沿用国际惯例，采取“仓至仓”条款（Warehouse to Warehouse Clause）。

2. C。一切险的承保责任范围不仅包括水渍险的各项责任，还负责货物在运输途中由各种一般外来风险造成的全部或部分损失。

3. A。根据传统的保险惯例中按照损失程度划分海上损失来看，部分损失简称“分损”，是指保险标的物的损失没有达到全部损失程度的一种损失。任何损失，不是全损，便是分损。部分损失按其性质可以分为单独海损和共同海损。

4. A。在按 CIF 或 CIP 术语成交的出口业务中，货物的保险金额一般在发票金额（即 CIF 价或 CIP 价）的基础上提高一定的百分率，即所谓“保险加成”，这是由进出口贸易的特定需要决定的。增加这部分的保险金额是买方进行这笔交易所支付的费用和预期利润的保障，一般是加保一成投保，若买方要求按较高金额投保，且保险公司同意，卖方也可接受，但由此增加的保险费原则上由买方承担。

5. B。“仓至仓”是保险人负责保险责任起讫的条款，既不是承运人负责运输责任起讫的条款，也不是发货人负责交货起讫的条款。目前常见的两大类“仓至仓”条款都在保险条款内列明，如中国人民保险公司海洋货物运输保险条款 1/1/81（PICC OCEAN MARINE CARGO CLAUSES）简称 CIC 条款；英国伦敦保险业协会货物险条款、协会货物险（A）条款 1/1/82，简称 ICC（A）。

6. B。附加险不能单独投保，必须是在投保一种基本险的基础上加保。

7. C。水渍险的责任范围较平安险大，多出了自然灾害造成的部分损失，但与平安险一样，水渍险只负责咸水所造成的损失的赔偿，不负责淡水所造成的损失的赔偿，以题目给予的信息，可认定保险公司无须负赔偿责任。

8. B。采用 CIF 术语成交时，如信用证没有特别规定，保险单的被保险人一栏填写出口商（即信用证的受益人），并由出口商空白背书。

9. C。一切险内包括了偷窃提货不着险，不用重复投保；基本险只选其中之一投保即可。

10. B。CIF 是典型的象征性交货，即单据买卖方式，其特点就是卖方只要提交全套合格单据，就算履行了交货义务，买方凭单付款，无须货到才付款。

11. C。实际全损是指保险标的物发生保险事故后灭失，或者受到严重损坏完全失去原有的形体、效用，或者不能再归被保险人拥有。

12. C。推定全损是指货物发生保险事故后，认为实际全损已经不可避免，或者为避免发生实际全损所须支付的费用与继续将货物运抵目的地的费用之和将超过保险价值。

三、多项选择题

1. ABCD。常见海运险的免责部分措辞如下：

（1）被保险人的故意行为或过失所造成的损失。

（2）发货人责任所引起的损失。

（3）在保险责任开始前，被保险货物已存在的品质不良或数量短差所造成的损失。

（4）被保险货物的自然损耗、本质缺陷、特性以及市价跌落、运输延迟所引起的损失或费用变动。

（5）本公司海洋运输货物战争险条款和货物运输罢工险条款规定的责任范围和除外责任。

2. BCD。附加险不能单独投保，一切险已包含串味险。

3. BD。理由同上。

4. ACD。中国人民保险公司海洋货物运输保险条款中的基本险包括平安险、水渍险和一切险。

5. ABC。在船舶发生共同海损后，凡属共同海损范围内的牺牲和费用，均可通过共同海损清算，由有关获救受益方（即船方、货方和运费收入方）根据获救价值按比例分摊，然后再向各自的保险人索赔。

6. ABC。战争险只承保水上风险。

7. ABC。根据 CIC 平安险承保责任范围第 3 条规定，只要运输工具曾经发生搁浅、触礁、沉没、焚毁等意外事故，不论这个意外事故发生之前或者以后曾在海上遭恶劣气候、雷电、海啸等自然灾害所造成的被保险货物的部分损失。

8. ABCD。根据我国对外贸易货运保险运输方式有所不同，我国对外贸易货运保险可分为：海上运输保险、陆上运输保险、航空运输保险和邮包运输保险四种。

9. ABC。ICC（INSTITUTE CARGO CLAUSES，协会货物条款，由英国伦敦保险业协会所制订）中包括六种险别，即 ICC（A）、ICC（B）、ICC（C）、战争险、罢工险、恶意损害险。其中前三种险别的责任范围分别类似于我国（CIC）条款中的三种基本险。

10. ABCD。共同海损是指在同一海上航程中，当船舶、货物和其他财产遭遇共同危险时，为了共同安全，有意地、合理地采取措施所直接造成的特殊牺牲、支付的特殊费用，由各受益方按比例分摊的法律制度。只有那些确实属于共同海损的损失才由获益各方分摊，因此共同海损的成立应具备一定的条件，即海上危险必须是共同的、真实的；共同海损的措施必须是有意的、合理的、有效的；共同海损的损失必须是特殊的、异常的，并由共损措施直接造成。共同海损的表现形式为共同海损牺牲和共同海损费用，共同海损牺牲包括抛弃货物，为扑灭船上火灾而造成的货损船损，割弃残损物造成的损失，有意搁浅所致的损害，机器和锅炉的损害，作为燃料而使用的货物、船用材料和物料在卸货的过程中造成的损害等。共同海损费用包括救助报酬、搁浅船舶减载费用以及因此而受的损害、避难港费用、驶往和在避难港等地支付给船员的工资及其他开支、修理费用、代替费用、垫付手续费和保险费、共同海损损失的利息等。共同海损的构成条件有：①同意海上航程中的财产遭遇了共同危险；②采取的措施必须是有意而合理的；③作出的牺牲和费用必须是特殊的；④采取的措施必须有效果。

四、判断题

1. ×。海上风险，一般指海上航行途中发生的或随附海上运输所发生的风险。它包括海上发生的自然灾害和意外事故，但并不包括海上的一切风险，如海运途中因战争引起的损失不含在内。另外，海上风险又不仅仅局限于海上航运过程中发生的风险，它还包括在与海运相连的内陆、内河、内湖运输过程中发生的一些自然灾害和意外事故。

2. ×。保险凭证与保险单具有同等效力，凡是保险凭证上没有列明的，均以同类的保险单为准。

3. ×。在 FOB、CFR 条件下，海运货物保险由买方办理，买卖双方风险、责任划分均以装运港船舷为界。虽然根据“仓至仓”条款，货损发生在其涵盖的运输途中，但是，买方对此段的货损不负责，对货物不具可保利益，就不能索赔。

由此可见，在 FOB 和 CFR 条件下，保险责任起讫实际上是“船至仓”。因为虽由买方投保，但依照风险划分界限，买方一般不会办理货物装船前的保险。只有在 CIF 术语下，保险责任起讫才是真正的“仓至仓”。因为此时保险由卖方办理，自货物运离起运地仓库到越过船舷为止，货损是由卖方承担的（拥有可保利益）；卖方在货物装船后交单结汇时，将这种可保利益通过对提单和保险单的背书转让给银行，买方付款赎单后，可保利益也随即转让到买方手中。

4. ×。一切险是海上运输保险的基本种类之一，是保险人对保险标的物遭受特殊附加险以外的其他原因造成的损失均负赔偿责任的一种保险。一切险所负责的险别包括平安险、水渍险和一般附加险。货物因战争、罢工、进口关税、交货不到等原因所致的损失，不在一切险的责任范围以内。投保一切险是投保人因附加险的种类繁多，为避免遗漏、保障货物安全而投保的一种安全性较大的险别。通常是在所发运货物容易发生碰损破碎、受潮受热、雨淋发霉、渗漏短少、串味、玷污以及混杂污染等情况下投保一切险。

5. ×。一切险已包括一般附加险，一般附加险主要包括在所发运货物容易发生碰损破碎、受潮受热、雨淋发霉、渗漏短少、串味、玷污以及混杂污染等。

6. ×。战争险承保责任仅限于水面危险。

7. √。“仓至仓”条款所指的运输包括海上、陆上、内河和驳船运输的整个运输过程。海上货物运输保险合同中规定了保险责任起止期的条款。保险期间自货物从保险单载明的起运港（地）的发货人的仓库或储存处开始运输时生效，到货物运达保险单载明的目的港

（地）的收发人的最后仓库或被保人用作分配、分派或非正常运输的其他储存处所为止。

8. ×。一般而言，保险单签发日期要早于提单签发日期，但汇票签发日期只要早于交单日期即可，所以保险单签发日期一般要更早。

9. √。海洋运输货物罢工险以罢工引起的间接损失为除外责任，即在罢工期间由于劳动力短缺或不能运输所致被保险货物的损失，或因罢工引起动力或燃料缺乏使冷藏机停止工作所致冷藏货物的损失。其责任起讫采取"仓至仓"条款。罢工险与战争险的关系密切，按国际海上保险市场的习惯，保了战争险，再加保罢工险时一般不再加收保险费；如仅要求加保罢工险，则按战争险费率收费。所以一般被保险人在投保战争险的同时加保罢工险。

10. ×。ICC 六种险别中，A 险相当于中国保险条款中的一切险，其责任范围更为广泛，故采用承保"除外责任"之外的一切风险的方式表明其承保范围；B 险大体上相当于水渍险；C 险相当于平安险，但承保范围较小些。

11. ×。全部损失可分为实际全损和推定全损。不属于实际全损和推定全损的损失，为部分损失。按照造成损失的原因可分为共同海损和单独海损。

12. ×。一切险是海上运输保险的基本种类之一，是保险人对保险标的物遭受特殊附加险以外的其他原因造成的损失均负赔偿责任的一种保险。一切险所负责的险别包括平安险、水渍险和一般附加险。货物因战争、罢工、进口关税、交货不到等原因所致的损失，不在一切险的责任范围以内。因此，一切险承保的并非所有海上风险。

13. ×。淡水雨淋险属于一般附加险，水渍险的承保范围不包括一般附加险。

14. ×。平安险（FPA），其含义为自然灾害造成的单独海损不赔，但根据 CIC 平安险保险公司承保责任范围第 3 条的规定，保险公司承保了平安险的情况下，对自然灾害造成的单独海损，保险公司在有条件的情况下给予赔偿。

15. √。陆运险按保险公司承保的范围可分为陆运险和陆运一切险。

五、计算题

1. CIF = ［FOB + F（运费）］/［1 - 保险费率 ×（1 + 投保加成率）］

   = （1000 + 70）/［1 - 0.28% ×（1 + 10%）］

   = 1 070/（1 - 0.003 08）

   ≈ 1 073.31（港元）

   投保金额 = CIF ×（1 + 投保加成率）

   = 1 073.31 × 110%

   = 1 180.64（港元）

   保险费 = 投保金额 × 保险费率

   = 1 180.64 × 0.28%

   = 3.31（港元）

2. （1）保险费 = 投保金额 × 保险费率 = 20.75 万 × 110% × 0.6% = 1 369.5 美元

   （2）保险公司的最高赔偿金额 = 20.75 万 × 110% = 22.825 万美元

3. 投保金额 = 50 × 1 000 × 110% = 55 000 美元
保险费 = 投保金额 × 保险费率 = 55 000 × （0.6% + 0.2% + 0.3%） = 605 美元
4. CIF 含佣价 = CFR 净价/［1 − 佣金率 − （1 + 投保加成率） × 保险费率］
根据题目的数据，代入式子中得：
2 000 = CFR 净价/［1 − 3% − （1 + 10%） × （0.8% + 0.4%）］
CFR 净价 = 2 000 × （1 − 3% − 1.1 × 1.2%）
= 1 913.6 美元
CFR C 5% = CFR 净价/（1 − 佣金率）
= 1 913.6/（1 − 5%）
≈ 2 014.32 美元
5. 380 ÷ （100 000 ÷ 5 000） = 19（箱）
（5 + 19） × 89 × 110% = 2 349.6（美元）
因此保险公司负责赔偿的金额是 2 349.6 美元。

六、案例分析题

1. 答：（1）对此损失保险公司应赔付。根据“仓至仓”条款。

（2）如果按 CFR 条件成交，对此损失保险公司不予赔付。根据“船至仓”条款。

2. 答：保险公司对此损失不予赔偿。不属于水渍险的承保范围。

3. 答：（1）该轮船长宣布共同海损不合理。

（2）被火烧毁的货物损失 5 000 美元船方应负责赔偿，是船方的责任。

（3）被水浸坏的货物损失 6 000 美元属共同海损，应由船方、货方、运费方共同承担。

4. 答：这种情况保险公司不予赔偿。为保险除外责任。

5. 答：进口商向保险公司索赔不合理，不属于战争险、罢工险承保范围。战争险、罢工险只对由战争、罢工等直接因素造成的损失给予赔偿。

模块七　合同条款的内容及拟定（五）——支付条款

一、填空题

1. 汇票　支票　本票
2. 商业汇票　银行汇票　即期汇票　远期汇票

3. 汇付　托收　信用证
4. D/P　L/C　电汇
5. 电汇　信汇　票汇
6. 电汇
7. 付款交单（D/P）　承兑交单（D/A）
8. 522　托收统一规则　URC522
9. 开证申请人　受益人　开证行　通知行
10. 国际商会　跟单信用证统一惯例　UCP600

二、单项选择题

1. A。B 公司通过 C 银行开给 A 公司一张不可撤销的即期信用证，则 C 银行为开证行，而开证行承担第一性付款责任，受益人只要做到相符交单，开证行就得履行付款责任。

2. D。托收、汇付支付方式下，单据的缮制通常以合同为依据；信用证支付方式下，单据的缮制以信用证为依据。

3. A。D/A 为承兑交单，代收行的交单以进口商承兑汇票为前提条件。

4. D。信用证是银行开立的有条件的付款承诺，属于支付方式；汇票是出票人签发的无条件的支付命令，属于金融票据。

5. B。根据出票人的不同，汇票分为商业汇票和银行汇票，由企业或个人签发的汇票是商业汇票，由银行签发的汇票是银行汇票，托收支付方式和信用证支付方式下使用的汇票一般都是由出口商签发的，因此都属于商业汇票。

6. C。开证行和保兑行对受益人均承担第一性付款责任，通知行是负责向受益人通知信用证的银行，只有议付行可以对受益人的付款行使追索权。

7. C。

8. B。信用证项下汇票的付款人一般为开证行或开证行指定的银行。

9. B。保兑信用证对受益人具有双重保障，保兑行和开证行均承担第一性付款责任。

10. B。D/A、D/P at sight、30% 装运前 T/T + 70% L/C at sight 和装运前 T/T 四种支付方式中，D/A 是承兑交单，代收行在进口商对汇票进行承兑后即交单，出口商届时能否收到货款，取决于进口商的信用，风险最大；装运前 T/T 支付方式中出口商在货物装船前即收到货款，属于收汇风险最小的；L/C 是银行信用，D/P 是付款交单，属于商业信用，出口商的收汇风险比 D/A 的风险小，但比装运前 T/T + 70% L/C at sight 的风险大，综合比较，答案为 B。

11. D。汇付涉及的当事银行有汇出银行和汇入银行，汇出银行是根据汇款人的申请汇出款项的银行，在国际贸易中通常为进口地银行，汇入行是根据汇出行的指示向收款人解付货款的银行。

12. C。《URC522》是 The Uniform Rules for Collection, ICC Publication No. 522 的缩写，中文名称是《托收统一规则》，主要是为减少托收业务各有关当事人可能产生的矛盾和纠纷而产生的。

13. B。根据《UCP600》的解释，如果信用证未注明汇票的付款人，汇票的付款人应是开证行。

14. D。由题意可知，A 银行为开证行，C 银行是实际向受益人通知信用证的银行，故 C 银行为通知行。

15. A。信汇、电汇和票汇三种汇款方式使用的载体不同，但都属于汇付，都是商业信用。

16. D。汇票注明“At 45 days after sight”，意为见票后 45 天内付款，是一定期限付款，属于远期汇票。

17. B。根据汇票使用时是否附带商业单据，可将汇票分为光票和跟单汇票，光票是不附带商业单据的汇票，跟单汇票是附带商业单据的汇票。

18. A。根据《UCP600》的解释，信用证分为以下四种类型，即 sight payment L/C、acceptance L/C、negotiation L/C 和 deferred payment L/C。

19. A。D/A 是承兑交单的意思，代收行的交单以进口商承兑汇票为条件，汇票的受票人是进口商。

20. B。承兑是汇票的付款人承诺汇票到期承担付款责任的行为。

21. C。L/C 与托收相结合的支付方式，信用证中一般规定出口商须签发两套汇票，一套汇票是依信用证项下签发的，货款凭光票付款，另一套汇票须附全部规定的单据，按即期或远期托收。比如，在信用证中列明如下条款，以示明确：70% 货款应开具不可撤销信用证，30% 货款见票付款交单，全套货运单据应附在托收部分项下，于到期时全数付清发票金额后方可交单。

22. C。信用证属于银行信用，开证行承担第一性付款责任，受益人只要做到相符交单，开证行就得履行付款责任。

23. B。D/P 是付款交单，D/P at sight 是即期付款交单。

24. C。保兑信用证是开证行开立的由另外一家银行加具保兑的信用证，开证行和保兑行都承担第一性付款责任，受益人收款具有双重保障。

25. A。支票是一种特殊的汇票，其付款人是银行，而且是见票即付，因此，支票是以银行为付款人的即期汇票。

26. B。对开信用证是两张信用证的开证申请人互以对方为受益人而开立的信用证，多用于易货贸易、来料加工或补偿贸易业务。

27. C。信用证业务中，开证申请书体现的是开证申请人与开证行之间的契约关系；信用证体现的是受益人与开证行之间的契约关系。

三、多项选择题

1. BC。对背信用证又称转开信用证，指受益人要求原证的通知行或其他银行以原证为基础，另开一张内容相似的新信用证。对背信用证的开立通常适用于中间商转售他人货物，或两国不能直接办理进出口贸易的情况；对开信用证是指两张信用证的开证申请人互以对方为受益人而开立的信用证，多用于易货贸易、来料加工或补偿贸易业务。

2. BD。信用证项下，受益人只要做到相符交单，即单证相符、单单相符、单据与有关贸易惯例相符，开证行就得履行付款责任；如果受益人提交的单据未做到相符交单，开证行就有权拒付。

3. ACD。规定远期汇票起算日期的方法有规定特定日期付款或一定期限付款，包括自出票日起算、自见票日起算、自提单日起算。

4. ABC。在信用证业务的有关当事人之间，买卖合同体现的是开证申请人与受益人之间的契约关系；开证申请书体现的是开证申请人与开证行之间的契约关系；信用证体现的是受益人与开证行之间的契约关系。

5. ABCD。承兑指付款人对远期汇票表示承担到期付款责任的行为。付款指付款人向持票人支付汇票金额的行为。贴现指远期汇票经承兑后，汇票持有人在汇票尚未到期前在贴现市场上转让，受让人扣除贴息后将票款付给出让人的行为，或指银行购买未到期票据的业务。提示指持票人将远期汇票提交给付款人并要求承兑或付款的行为，包括付款提示和承兑提示。

6. BCD。信用证与合同的关系体现在三个方面，即信用证的开立以买卖合同为依据，出口商审核信用证的依据是合同，银行处理信用证业务不受买卖合同的约束。

7. ABCD。假远期信用证是指开证银行应进口企业请求，在信用证中规定受益人开立远期汇票，由付款行进行贴现，并规定一切利息和费用由进口企业承担的信用证，即远期汇票即期付款，并由进口企业向融资银行支付贴现费用。假远期信用证与一般远期信用证的区别：①开证基础不同。假远期信用证是以即期付款的贸易合同为基础的；而远期信用证是以远期付款的贸易合同为基础的。②信用证的条款不同。假远期信用证中有“假远期”条款；而远期信用证中只有利息由谁负担的条款。③利息的负担者不同。假远期信用证的贴现利息由进口商负担；而远期信用证的贴现利息由出口商负担。④收汇时间不同。假远期信用证的受益人能即期收汇；而远期信用证的受益人要汇票到期才能收汇。

8. BCD。信用证是银行开立的有条件的付款承诺，其主要特点是：①信用证是一种银行信用。②信用证是一种单据的买卖。③信用证是一种自足文件。

9. CD。按汇票是否附带商业单据，可将汇票分为光票和跟单汇票。光票（Clean Draft）是指不附带商业单据的汇票，银行汇票多是光票。跟单汇票（Documentary Draft）是指附带有商业单据的汇票，商业汇票一般为跟单汇票。

10. ABC。在国际贸易货款的收付中，使用的票据一般有汇票、支票和本票。发票属于商业单据，而非金融票据。

11. CD。在跟单托收业务中，根据交单条件的不同可以将托收分为付款交单（D/P）和承兑交单（D/A）。

12. BCD。汇付支付方式可以分为电汇（T/T）、信汇（M/T）和票汇（D/D）。

13. ACD。在信用证结算方式下，付款银行的付款条件是“单单相符、单证相符”，银行处理的只是与货物交易有关的单据，此外，对买卖合同的具体条款及其规定，货物的具体细节问题以及合同是否按双方约定履行，银行概不承担责任。

14. ABC。汇票收款人的抬头方式一般有指示性抬头（PAY TO THE ORDER OF ……），限制性抬头（PAY TO……ONLY）和持票人抬头（PAY TO BEARER）。

15. BCD。D/A 支付方式下，代收行将单据交给付款人的条件是付款人对远期汇票作出承兑。

四、判断题

1. ×。汇票、本票都可分为即期和远期两种，支票是以银行为付款人的即期汇票。

2. ×。信用证支付方式属于银行信用，但所使用的汇票是出口商签发的，所以是商业汇票。

3. √。托收支付方式属于商业信用，所使用的汇票是出口商签发的商业汇票。

4. ×。在票汇情况下，买方购买银行汇票径寄卖方，虽然采用的是银行汇票，但银行并不承担付款责任，故这种付款方式仍属于商业信用。

5. ×。根据《UCP600》的规定："如信用证规定在指定的时间段内分期支款或分期发运，任何一期未按信用证规定期限支取或发运时，信用证对该期及以后各期均告失效。"本题中，7 月份未按时装运，故信用证对该期及以后各期均告失效，因此，银行拒付有理。

6. ×。Drawee 是指汇票的受票人或付款人，一般情况下是开证行或开证行指定的银行。

7. √。根据《UCP600》的规定，信用证修改通知有多项内容时，受益人要么全部接受，要么全部拒绝，不能只接受其中一部分而拒绝另外一部分。

8. √。

9. ×。可转让信用证办理转让后，买卖合同关系并未转让。

10. √。D /A 是承兑交单，D /P 是付款交单，因此，D /A 30 天比 D /P 30 天付款对出口商来说承担的风险更大。

11. ×。付款交单和承兑交单对卖方来说都有一定风险，承兑交单最易被买方接受，但对出口商来说承担的收汇风险更大，所以，在进出口业务中，承兑交单应谨慎使用。

12. ×。银行汇票和商业汇票的主要区别在于出票人的不同：前者的出票人是银行，后者的出票人是工商企业或个人。

13. ×。此笔业务信用证未规定交单期，根据《UCP600》的规定，出口商应在提单日后的 21 天内交单，但必须在信用证的有效期内，因此，我方应于 5 月 3 日之前交单。

14. ×。承兑交单情况下，代收行向进口商提示单据，由进口商对汇票进行承兑后，代收行向进口商交单。

15. ×。托收和信用证所使用汇票都是由出口商签发的，都属于商业汇票。

16. ×。信用证是一种由银行开立的有条件的付款承诺的书面文件。

17. √。在保兑信用证下，就付款责任而言，开证行和保兑行承担的责任相同，都是第一性付款责任。

18. ×。根据《UCP600》的规定，凡信用证上未注明可否转让字样，即视为不可转让信用证。

19. ×。除非汇票上注明"Without Recourse"，否则汇票经背书后，其收款权利转让给被背书人，如该汇票日后遭到拒付，被背书人可向前手行使追索权。

20. ×。承兑指付款人对远期汇票表示承担到期付款责任的行为，因此，承兑是付款人的行为。

五、案例分析题

1. 答：(1) 银行拒付有理，因为我方提交的单据与信用证规定不符。

(2) 我方可要求改证或者按照信用证的要求进行装船。

2. 答：6 月份出运的货物不能正常结汇。因为根据《UCP600》的规定，L/C 规定在指定的期限内分批装运，任何一批未按期装运，L/C 对该批及其后各批均告失效（除非 L/C 另有规定）。本案中，A 公司 5 月份未能按 L/C 装运，银行对该期及以后各期均有权拒付，所以 6 月份装运的 600 公吨已属无效，不能顺利结汇。

3. 答：我方能凭单从付款银行得到偿付。因为信用证是银行开立的有条件的付款承诺，受益人只要做到相符交单，开证行就要履行付款责任。

4. 答：本案中，付款方式为 D/A。D/A 托收方式下，出口人在付款人对汇票作出承兑后就交出了有关单据，其收款的保障依赖于进口人的信用，一旦进口人到期不付款，出口人便会遭受货物与货款全部落空的损失。可见，采用 D/A 方式付款，一定要调查清楚买方的资信，在不了解买方资信的情况下不要轻易接受 D/A 结算方式。

5. 答：信用证是一种银行开立的有条件的承诺付款的书面文件。对出口商来说，只要按信用证规定条件提交了单据，在单单一致、单证一致的情况下，即可从银行得到付款；对进口商来说，只要在申请开证时，保证收到符合信用证规定的单据即可付款并交付押金，同时从银行取得代表货物所有权的单据。因此，银行开立信用证实际是进行单据的买卖。此外，开证行与受益人之间的关系属于一种对双方都有约束力的合同关系。这种合同关系约束开证行应在对单据作出合理审查之后，按照信用证的规定，承担向受益人付款的义务，而不受买卖双方买卖合同、开证行和买方依开证申请书成立的合同以及其他合同的影响。因此，在本案中，中国银行这样做是合理的。

6. 答：(1) 保兑行的做法不正确，因保兑行的职责也是承担第一性付款责任。

(2) 对此情况，我方应责令保兑行履行付款义务。

六、操作题

1. 填写汇票

F14

凭
Drawn under COMMERCIAL BANK OF CEYLON LIMITED
信用证 第 号
L/C No. CBCL34. 1520
日期 年 月 日
Dated NOV. 18, 2014 S/C NO. A97 - 2360
按 息 付 款
Payable with interest @ % per annum
号码 汇票金额 中国 广州 年 月 日
No. Exchange for USD30,000.00 Guangzhou, China 20
见票 日后（本汇票之副本未付）付交
At * * * sight of this FIRST of Exchange (Second of exchange being unpaid)
Pay to the order of BANK OF CHINA 或其指定人
金额
the sum of SAY U. S DOLLARS THIRTY THOUSAND ONLY
此致
To COMMERCIAL BANK OF CEYLON LIMITED
COMMERCIAL HOUSE, 21 BRISTOL STREET,
P. O. BOX 853, COLOMBO, SRI LANKA.

GUANGDONG TEXTILES IMP. AND EXP.
TRADING CO., LTD.
××× (签名)

2. 找出信用证有关信息
(1) 信用证的号码：668 - 01 - 3042855
(2) 信用证的开立日期：JAN. 14, 2014
(3) 信用证的有效期与到期地点：MAR 15, 2014 CHINA
(4) 信用证的金额：USD 26, 310.00
(5) 信用证的付款人：NORDEA BANK, SWEDEN
(6) 信用证的付款期限：AT SIGHT
(7) 信用证的类型：NEGOTIATION CREDIT

（8）开证行：NORDEA BANK，SWEDEN

（9）通知行：ANY BANK

（10）开证申请人：KOSCO

（11）受益人：SHANGHAI YIYANG INTERNATIONAL TRADING LTD.

（12）装运港：CHINESE PORTS

（13）目的港：GOTHENBURG，SWEDEN

（14）货物名称：LEATHER GLOVE

（15）货物数量：ART 3900300：8400 PCS；ART 3901400：15510 PCS

（16）单据要求：①COMMERCIAL INVOICE

②PACKING LIST

③BILLS OF LADING

④GSP CERTIFICATE OF ORIGIN FORM A

⑤INSURANCE POLICY/CERTIFICATE

（17）交单期限：WITHIN 15 DAYS AFTER THE DATE OF SHIPMENT，BUT WITHIN THE VALIDITY OF THE CREDIT.

3.（1）汇票的出票人：CHINA NATIONAL ANIMAL BY PRODUCTS IMP. & EXP. CORP. SHANGHAI BRANCH；

汇票的付款人：MITSUBISHI TRUST & BANKING CO.，LTD. 4 – 5 MARUNOUCHI 1 – CHOME CHIYODA – KU，TOKYO 100，JAPAN。

（2）是远期汇票（见票后 90 天付款）。

（3）两份。

（4）托收行：中国银行上海分行。

4. Payment：The buyers shall pay 100% of the sales proceeds to the sellers as receiving the goods by T/T.

模块八　合同条款的内容及拟定（六）
——纠纷预防与处理条款

一、填空题

1. 质量　数量　包装
2. 装运港装船前
3. 免责
4. 仲裁　诉讼

5. 检验　检疫

二、单项选择题

1. B。物价变动、汇率变动和政策变动不是交易中买卖双方可以控制的因素，是由市场经济指标的变化或政府的决定引起的，因此不应成为导致买卖双方争议发生的原因。

2. A。以 FOB 术语成交时，买卖双方风险划分界限在货物装上船后，因此，货物因港口设备问题导致数件货物的包装在码头仓库破损的风险应由卖方承担。

3. C。以 CIF 术语成交时，买卖双方风险划分界限在货物装上船后，因此，货物因港口设备问题导致数件货物的包装在码头仓库破损的风险应由卖方承担。

4. D。国际贸易中的索赔可以分为向卖方提出的贸易索赔、向船公司提出的运输索赔和向保险公司提出的保险索赔。

5. B。不可抗力是指买卖合同签订后，非因合同当事人的过失或疏忽，而是发生了当事人无法预见、无法预防、无法避免和无法控制的事件，以致不能履行或不能如期履行合同，发生意外事件的一方可以免除履行合同的责任或推迟履行合同。

6. C。构成不可抗力的意外事件应具备的条件：①意外事件是在签订合同以后发生的。②意外事件是当事人所不能预见、不能避免和不可控制的。不可抗力的事件主要包括两种情况，一种是由于自然力量引起的，如水灾、风灾、旱灾、地震等；另一种是社会原因引起的，如战争、封锁、政府禁令等。③意外事件的引起不包括当事人疏忽或过失等主观因素。

7. D。造成“人力不可抗拒”的原因多种多样，不能完全列举，其认定主要看是否满足“人力不可抗拒”的构成条件。

8. A。按照法律和国际惯例，受损害方只能在一定的索赔期限内提出索赔，否则就丧失索赔权利。

9. D。我国不可抗力事件的证明文件由中国国际贸易促进委员会出具。

10. D。美国习惯上认为不可抗力事件仅指由自然力量所引起的事件，而不包括由社会力量所引起的意外事件，所以美国的买卖合同一般不使用“不可抗力”（Force Majeure）一词，而称之为“意外事件条款”（Contingency Clause）。

11. C。CIF 中货物装上船后，风险责任转移到买方，在提单清洁的情况下，货损货差索赔应找承运人或保险公司。

12. B。符合不可抗力的构成条件，根据不可抗力事件的处理方法可知，不可抗力的发生以致不能履行或不能如期履行合同，发生意外事件的一方可以免除履行合同的责任或推迟履行合同。

13. B。合同解除并不影响当事人要求赔偿的权利，同时为了切实保护过错方的合同权益，合同解除时，除法律另有规定或者当事人另有约定者外，债权人可以请求损害赔偿的范围。

14. B。符合不可抗力的构成条件，根据不可抗力事件的处理方法可知，不可抗力的发生以致不能履行或不能如期履行合同，发生意外事件的一方可以免除履行合同的责任或推迟履行合同。

15. A。罚金的数额大小以违约时间的长短而定，并据此规定出最高限额。

16. A。仲裁地点首先选择在本国，因为当事人对本国仲裁的政策措施、流程等比较熟悉，较易取得主动地位。

17. C。仲裁费用一般由败诉方负责。

18. D。仲裁裁决对双方具有约束力，如果一方拒不执行仲裁裁决，另一方可诉至法院请求强制执行。

三、多项选择题

1. ABC。货到目的港，货物的短少可能是卖方、承运人或运输途中发生承保范围内的风险造成的。

2. AC。构成不可抗力的意外事件应具备的条件：①意外事件是在签订合同以后发生的。②意外事件是当事人所不能预见、不能避免和不可控制的。不可抗力的事件主要包括两种情况，一种是由于自然力量引起的，如水灾、风灾、旱灾、地震等；另一种是社会原因引起的，如战争、封锁、政府禁令等。③意外事件的引起不包括当事人疏忽或过失等主观因素。故答案应选 AC。

3. CD。造成不可抗力的原因可归纳为自然原因和社会力量两种。

4. AC。《公约》将违约分为根本性违约和非根本性违约两种。非根本性违约是指违约的状况尚未达到根本违反合同的程度，受损方只能要求损害赔偿，而不能宣告合同无效。若受损方保持缄默，则合同仍然成立；根本性违约是指违约方的故意行为造成的违约，如卖方完全不交货，买方无理拒收货物、拒付货款，其结果给受损方造成实质损害。如果一方当事人根本违约，另一方当事人可以宣告合同无效，并要求损害赔偿。

5. BC。《公约》在延迟问题上的处理方式，参照《德国民法典》的做法，在第 49 条规定，只有当卖方延迟交货构成根本违反合同时，买方才可以撤销合同。《公约》还规定，无论买方采取何种救济方法，都不妨碍买方请求损害赔偿的权利，即便买方已经以卖方迟延交货为理由撤销了合同。

6. ABC。索赔依据包括法律依据和事实依据两种，二者缺一不可。索赔的期限可分为约定索赔期限和法定索赔期限。买方在索赔期限内，可以对货物进行复验，复验结果将作为买方向卖方提出索赔的事实依据。超过索赔有效期，买方将无权对货物进行索赔。

7. ABC。国际货物买卖合同中，买卖双方的违约可分为买方违约、卖方违约和买卖双方都违约。买方的违约主要体现在未按时收取货物和未按约定付款。卖方的违约主要体现在未按合同规定交货、提交与货物交接有关的单据和转移货物的所有权。

8. ABCD。仲裁程序包括申请仲裁、指定仲裁员组成仲裁庭、仲裁审理、选择适用的实体法、作出裁决。

9. ACD。一个有效的仲裁协议必须具备法定的内容，否则，仲裁协议将被认定为无效。根据我国《仲裁法》第 16 条的规定，仲裁协议应当包括下列内容：①请求仲裁的意思表示；②仲裁事项；③选定的仲裁委员会。

10. CD。我国《仲裁法》第 16 条规定，仲裁协议包括合同中订立的仲裁条款和以其他书面方式在纠纷发生前或者纠纷发生后达成的请求仲裁的协议。

四、判断题

1. ×。索赔期限，是指受损害方有权向违约方提出索赔的期限。按照法律和国际惯例，受损害方只能在一定的索赔期限内提出索赔，否则就丧失索赔权利。

2. ×。合同中的品质条款，是构成商品说明的重要组成部分，是买卖双方交接货物的主要依据。《公约》规定，卖方交货必须符合约定的质量，如卖方交货不符合约定的品质条件，买方有权要求损害赔偿，也可要求修理或交付替代物，甚至拒收货物或撤销合同。买方要求修理货物或交付替代物，甚至拒收货物或撤销合同，这都并不意味着其丧失了索赔的权利。

3. √。我国《仲裁法》第 4 条规定：当事人采用仲裁方式解决纠纷，应当双方自愿，达成仲裁协议。没有仲裁协议，一方申请仲裁的，仲裁委员会不予受理。

4. ×。《仲裁法》第 62 条规定：当事人应当履行裁决。一方当事人不履行的，另一方当事人可以依照民事诉讼法的有关规定向人民法院申请执行。受申请的人民法院应当执行。

5. ×。不可抗力事件发生后，遭遇事故的一方应及时将情况通知对方，并可根据不可抗力事件的实际情况，提请免除履行合同的责任或延期履行合同。

6. √。调解是指双方或多方当事人就争议的实体权利、义务，在人民法院、人民调解委员会及有关组织主持下，自愿进行协商，通过教育疏导，促成各方达成协议、解决纠纷的办法。仲裁一般是当事人根据他们之间订立的仲裁协议，自愿将其争议提交由非司法机构的仲裁员组成的仲裁庭进行裁判，并受该裁判约束的一种制度。仲裁活动和法院的审判活动一样，关乎当事人的实体权益，是解决民事争议的方式之一。因此两者都是自愿的。

7. √。通过仲裁方式解决双方民事争议、作出仲裁裁决的机构，分为国内仲裁机构和国际仲裁机构，后者又分为全国性的仲裁机构和国际性或地域性的仲裁机构。此外，按仲裁机构的设置情况，国际上进行仲裁的机构有三种：一种是常设仲裁机构，一种是临时仲裁机构，还有一种是专业性仲裁机构。

8. ×。《合同法》第一百一十七条规定：因不可抗力不能履行合同的，根据不可抗力的影响，部分或者全部免除责任，但法律另有规定的除外。当事人迟延履行后发生不可抗力的，不能免除责任。本法所称不可抗力，是指不能预见、不能避免并不能克服的客观情况。

9. √。由社会原因引起的意外事故，情况比较复杂，应在合同的不可抗力条款中对其是否属于不可抗力具体加以规定，以便发生意外事故时，更好地确定是否属于不可抗力。

10. ×。我国《仲裁法》第 16 条规定，仲裁协议包括合同中订立的仲裁条款和以其他书面方式在纠纷发生前或者纠纷发生后达成的请求仲裁的协议。因此，仲裁协议必须是书面的。

11. √。《仲裁法》第 9 条规定：仲裁实行一裁终局的制度，一般而言，仲裁裁决是终局性的，对争议双方都有约束力，任何一方都不允许向法院起诉要求变更。裁决作出后，当事人就同一纠纷再申请仲裁或者向人民法院起诉的，仲裁委员会不予受理。

五、简答题

1. 答：国际货物买卖中的商品检验，简称商检，是指商品检验机构对卖方拟交付或已交付货物的品质、规格、数量、重量、包装、卫生、安全等项目所进行的检验、鉴定和管理工作。交易双方在买卖合同中对关于商品检验的重要问题作出的明确具体的规定，就是合同中的检验条款。关于检验时间和地点的规定方法，一般如下：

（1）在出口国检验，包括产地（工厂）检验或装运港检验。

（2）在进口国检验，包括目的港检验或买方营业处所检验。

（3）出口国检验，进口国复验。

（4）装运港检验重量，目的港检验品质。

2. 答：合同中的商检条款内容一般包括商检时间、商检地点、检验机构、检验证书的效力。

3. 答：不可抗力事件是指买卖合同签订后，发生的合同当事人无法预见、无法预防、无法避免和无法控制的事件。处理不可抗力事件的原则是继续履行合同或解除合同。

4. 答：合同中的不可抗力条款的规定方式一般包括概括规定、具体规定、综合规定三种，最好采用具体规定和综合规定相结合的方式。

5. 答：解决争议的办法包括友好协商、调解、仲裁和诉讼。

6. 答：仲裁指买卖双方达成协议，自愿将有关争议交给双方同意的仲裁机构裁决，裁决结果一旦作出，其效力就是最终的，对双方都有约束力。仲裁具有程序简便、结案快捷、费用较少以及灵活性、保密性、终局性的特点。

7. 答：仲裁协议的形式包括：①在争议发生之前订立的，作为合同中的一项仲裁条款的协议；②在争议发生之后订立的，把已经发生的争议提交仲裁的协议。

仲裁协议的作用在于：①约束双方当事人只能以仲裁方式解决争议，不得向法院起诉；②排除法院对有关案件的管辖权，如果一方违背仲裁协议，自行向法院起诉，另一方可根据协议要求法院不予受理，并将争议案件退交仲裁庭裁断；③仲裁机构取得对争议案件的管辖权。

8. 答：仲裁条款的内容一般包括仲裁地点、仲裁机构、仲裁规则、仲裁裁决的效力和仲裁费用的负担。我国外贸实务中的仲裁地点多规定在我国，仲裁机构主要为中国国际经济贸易仲裁委员会和中国海事仲裁委员会。

9. 答：异议索赔条款主要是为了阐明索赔的依据、索赔的期限和索赔的办法；罚金或违约金条款则一般适用于卖方远期交货或买方延期接运货物、拖延开立信用证、拖欠货款等，是为了促使违约方按合同约定继续履约。

六、案例分析题

1. 答：非洲买方不得向上海卖方索赔，因为CIF规定货到船上后，风险即从卖方转移给买方。从题目中可认为纸张出口时品质合格，到货后发生质量问题，非我方责任，除非合同中有规定买方对货物包装方式的要求。

2. 答：我方可以援引不可抗力条款进行免责，但最好尽量延期交货，因为可向其他散商收购，不致免交货物、解除合同。

3. 答：日商要求合理，但我方可以要求日商争取在生效之日前交货，若超出交货期确实无法交货，只能解除合同。

4. 答：买方复验无权以商品品质、重量对卖方提出异议，因为检验条款规定仅以装运地检验报告为准，除非买方证明货物与合同规定不符是由卖方违约或货物有瑕疵造成的。

模块九　进出口合同的履行

一、填空题

1. 货　证　船　款
2. 合同　信用证
3. FREIGHT PREPAID　FREIGHT COLLECT
4. 出口押汇　收妥结汇　定期结汇
5. 单证　单单　单据　有关贸易惯例
6. 开证行　进口商
7. 开证行　开证日期　信用证号码
8. 开证申请人
9. 出入境检验检疫局
10. 商业发票
11. 催证
12. 开证申请书
13. 预约保险
14. 软条款
15. 下货纸　大副收据
16. 商业发票
17. 正确　完整　及时　简明　整洁

二、单项选择题

1. A。在进出口业务的商业单据中，商业发票是全套出口单据的核心，在单据制作过程中，其余单据均须参照商业发票缮制，因此，商业发票是处于中心地位的单据。

2. D。商业发票、装箱单和重量单在没有特别要求的情况下可以不签，但原产地证书作为一种证明文件，签证机构必须签字盖章方为有效。

3. C。根据《UCP600》的规定，“约”或“约于”或类似措辞将被理解为一项约定，按此约定，某项事件将在所述日期前后各五天内发生，起讫日均包括在内。

4. B。各单据出单先后顺序一般依次为：发票日期—检验证书日期或保险单日期—装船日期（提单日期）—信用证最迟装运日期—汇票出票日期—信用证最迟交单日期—信用证有效期。

5. C。以 FOB 条件成交的进口交易，肯定不存在交单议付环节，交单议付是出口商应履行的义务。

6. C。根据《UCP600》的规定，在信用证未以包装单位件数或货物自身件数的方式规定货物数量时，货物数量允许有 5% 的增减幅度，只要总支取金额不超过信用证金额即可。

7. A。以信用证为支付方式的进口贸易，依据合同规定，进口商的首要义务是向开证银行申请开立信用证。

8. A。商业发票是由出口商签发给进口商、证明将一定数量的货物销售给进口商的文件，是买卖双方记账的依据，也是进出口报关纳税的总说明。商业发票是一笔业务的全面反映，是所装运货物的总说明，其内容包括编号、签发日期、买卖双方的名称和地址、商品名称、规格型号、单价、数量、金额、包装等。

9. C。出口货物在办完报关手续后，海关在装货单上加盖放行章，出口商或货代凭盖有海关放行章的单据将出口货物发运至港区内指定的地方等待装船。货物装船完毕，即由船长或大副根据装货实际情况在收货单上签字，即签发大副收据，外贸公司或货代可凭大副签字的收货单，即大副收据向船公司或其代理换取海运提单。

10. D。根据《UCP600》的规定，如果信用证对投保金额未作规定，则投保金额至少须为货物的 CIF 或 CIP 价格的 110%；如果信用证使用诸如“通常风险”或“惯常风险”等含义不确切的用语，则无论是否有漏保风险，保险单据都将被照样接受。本题中，合同及信用证均没有规定投保何种险别，故卖方投保最低险别是可以接受的。

11. B。根据《UCP600》的规定，商业发票必须以申请人的名称为抬头。

12. B。出口商委托货代向船运公司办理租船订舱，出口商须填写海运货物托运委托书。

13. C。信用证支付方式下，依据合同规定，进口商的首要义务是向开证银行申请开立信用证，申请开证时，进口商须根据买卖合同填写开证申请书。

14. B。信用证的特点之一是银行信用，因此，信用证申请书中汇票的付款人应填为开证行或开证行指定的付款行。

15. A。短卸（Short Unloaded），是指运输工具到达目的地后，所卸货物的数量与提单或运单所列明的数量不相符合。这种情况多是运输公司将货物误卸其他口岸造成，或因疏忽短卸，甚至有的故意短卸。短卸报告通常由船方签发。

16. A。海关发票（Customs Invoice）是出口商应进口国海关要求填制的一种特定格式的单据，基本内容同普通的商业发票类似，其格式一般由进口国海关统一制定并提供，它的作用是供进口商凭以向海关申办进口报关、纳税等手续。领事发票是由进口国驻出口国的领事出具的一种特别印制的发票，这种发票证明出口货物的详细情况，供进口国用于防止外国商品的低价倾销，同时可用作进口税计算的依据，有助于货物顺利通过进口国海关。

17. A。根据《UCP600》的规定，信用证修改通知有多项内容时，受益人要么全部接受，要么全部拒绝，不能只接受其中一部分而拒绝另外一部分。

18. C。根据《UCP600》的规定，除商业发票外，若须对其他单据中的货物、服务或行为描述作出规定，可使用统称，但不得与信用证规定的描述相矛盾。

19. B。信用证支付方式下，按时向银行申请开立信用证是进口商的基本义务，也往往是卖方履行交货义务的前提。因此，本题中应选“买方”。

20. B。出口报关是指发货人（或其代理）向海关申报出口货物的详细情况，海关据以审查，合格后放行，准予出口。出口货物的发货人根据出口合同的规定，按时、按质、按量备齐出口货物后，即应当向运输公司申请办理租船订舱手续，在货物装船前要向海关申请办理报关手续，或委托专业（代理）报关公司办理报关手续。

三、多项选择题

1. ABC。合同签订后，买卖双方都应受其约束，本着“重合同，守信用”的原则，切实履行合同规定的各项义务。根据《公约》的规定，卖方的基本义务是按合同规定交付货物，移交与货物有关的各项单据，并转移货物的所有权；买方的基本义务是按合同规定支付货款和收取货物。

2. ABCD。我国出口合同主要是以海洋运输为主、以信用证为支付方式、以 CIF 术语签订的合同，这类出口合同的履行主要包括货（出口备货）、证（催证、审证、改证）、船（租船订舱）、款（制单结汇）四个环节，其中“货”指出口商的备货；“证”指出口商向进口商催开信用证，并审核、修改信用证；“船”指出口商办理租船订舱、装船出运手续；“款”指货款的结算。

3. ABD。商业发票是由出口商签发给进口商、证明将一定数量的货物销售给进口商的文件，是买卖双方记账的依据，是进出口报关纳税的依据，是对装运货物的总说明，有时可替代汇票进行货款结算。在单据制作过程中，它还是全套出口单据的核心，其余单据均须参照商业发票缮制。

4. BC。申报单证分主要单证和随附单证两大类，其中主要单证就是报关单证。随附单证包括基本单证、特殊单证、预备单证。基本单证主要是指进口提货单据、出口装货单据、商业发票、装箱单等，特殊单证主要是指进出口许可证件、加工贸易登记手册、特定减免税证明、原进出口货物报关单证、出口收汇核销单、原产地证明书等，预备单证主要是指贸易合同、进出口企业的有关证明文件等，海关在审单、征税时可能要调阅或者备案预备单证。

5. ABCD。软条款是指开证申请人在信用证中设置的会导致受益人（出口商）贸易地位丧失、安全收汇受到威胁，而给申请人带来交易主动权或骗取货物及预付款项的条款。

常见的软条款有：①开证申请人（买方）通知船公司、船名、装船日期、目的港、验货人等后，受益人才能装船。此条款使卖方装船完全由买方控制。②信用证开出后暂不生效，待进口许可证签发后通知方才生效，或待货样经申请人确认后生效。此类条款使出口货物能否装运完全取决于进口商，出口商则处于被动地位。出口商见信用证才能投产，生产难安排，装期紧，出运有困难。③1/3 正本提单径（直）寄开证申请人。买方可能持此单先行将货提走。④记名提单，承运人可凭收货人的合法身份证明交货，不必提交本提单。⑤信用证到期地点在开证行所在国，有效期以开证行所在国时间为准，使卖方延误寄单，单据寄到开证行时已过议付有效期。⑥信用证中设置限制运输船只、船龄或航线等条款。⑦含空运提单的条款，提货人签字就可提货，无须交单，货权难以控制。有的信用证规定提单发货人为开证申请人或客户，可能被不法商人利用此特殊条款进行无单提货。⑧品质检验证书须由开证申请人或其授权者签发，由开证行核实，并与开证行印签相符。采用买方国商品检验标准，此条款使得卖方由于采用本国标准，而无法达到买方国标准，使信用证失效。⑨收货收据须由开证申请人签发或核实。此条款使买方拖延验货，使信用证失效。⑩自相矛盾，既规定允许提交联运提单，又规定禁止转船。⑪规定受益人不易提交的单据，如要求使用 CMR 运输单据（我国没有参加《国际公路货物运输合同公约》，所以我国的承运人无法开出 CMR 运输单据）。⑫一票货物，信用证要求就每个包装单位分别缮制提单。⑬设置质量检验证书障碍，伪造质检证书。⑭本证须经当局（进口国当局）审批才生效，未生效前，不许装运。⑮对于易腐货物，要求受益人先寄一份提单，持此单可先行提货。⑯货款须于货物运抵目的地经外汇管理局核准后付款。⑰受益人议付时须提交买方在目的港的收货证明。⑱产地证书签发日晚于提单日期，这会被怀疑未经检验，先装船，装船后再检验。⑲延期付款信用证下受益人交单在先，银行付款在后，风险大，应加具保兑。⑳不接受联合发票，进口国拒绝接受联合单据。㉑信用证规定指定货代出具联运提单，一程海运后，二程境外改空运，容易被收货人不凭正本联运提单提货。㉒信用证规定受益人在货物装运后如不及时寄 1/3 提单，开证申请人将不寄客检证，使受益人难以议付单据。

6. ABCD。在信用证支付方式下，进口商在审核商业发票时应注意发票的商品名称、数量、规格、单价、包装、价格条款、合同号码及货物描述等必须与信用证的规定相符，单价乘以数量必须与发票总金额相符；发票的抬头人应是信用证开证申请人；发票的出票人应是信用证的受益人（可转让信用证除外），与汇票的出票人应为同一人；发票的出票日期不应迟于汇票的出票日期，亦不应迟于信用证的议付有效期。

7. BCD。在原因不明情况下，进口商可分别向船公司、卖方和保险公司提出异议和保留索赔权利。如果是卖方根本没有发货，则向卖方提出索赔；如果是卖方和船公司联合诈骗买方，则买方可通过法律途径，要求其赔偿损失；如果是船舶失踪，遇到海难，并且损失属于承保责任范围以内，则可以向保险公司索赔。

8. ABD。出口商办理租船订舱业务时，出口商先缮制托运委托书（或称托运单）和出口货物明细单，委托货代办理订舱手续。货代接受委托后，向船公司申请办理订舱，船公司或船代接受订舱，并向托运人或货代签发装货单。出口货物在办完报关手续后，海关在装货单上加盖放行章，出口商或货代凭盖有海关放行章的单据将出口货物发运至港区内指定的地方等待装船。货物装船完毕，即由船长或大副根据装货实际情况在收货单上签字，即签发大副收据，外贸公司或货代可凭大副签字的收货单，即大副收据向船公司或其代理换取海运提单，其中，收货单是船方在收到托运货物时签发的单据。

9. ACD。受益人没有做到相符交单，即单证不符、单单不符、单据与有关贸易惯例不符。

10. BD。信用证是依据合同开立的，因此，审核信用证的依据是合同；信用证支付方式下，缮制单据的依据是信用证，因此，审核单据的依据是信用证。

四、判断题

1. √。受益人必须在信用证规定的交单期和信用证的有效期内交单。

2. ×。信用证的修改应由开证申请人（进口商）提出，经开证行和受益人同意才能生效。

3. ×。根据《UCP600》的规定，凡未经开证行、保兑行（如有）以及受益人同意，信用证既不能修改也不能撤销。

4. ×。汇票的抬头人通常是收款人，发票的抬头人通常是开证申请人，保险单的抬头人通常是被保险人。

5. √。

6. ×。议付行可行驶追索权。

7. √。信用证支付方式下，单据缮制的依据是信用证；托收和汇付支付方式下，单据缮制的依据是贸易合同。

8. √。海运提单作为货物收据，是凭大副收据换取的。大副收据，也称作收货单，是大副签发给托运人、证明货物收到并已装上船的凭证。不清洁提单上的批注是从大副收据上转来的。

9. ×。海关发票是进口国海关为了统计出口数量和金额，要求出口人填写的一种具有专门格式的发票。

10. √。

11. √。输欧盟纺织品原产地证书（EUROPE ECONOMIC COMMUNITY CERTIFICATE OF ORIGIN）简称 EEC 纺织品产地证，输美纺织品原产地证书（DECLARATION OF COUNTRY ORIGIN）简称 DCO 产地证。

12. ×。在买方享有复验权的情况下，即使买方已经支付货款，也有权向卖方提出索赔。

13. √。汇票的出单日期应在提单日后。

14. √。根据《公约》的规定，买方的基本义务是按合同规定支付货款和收取货物。

15. ×。集装箱运输的拼箱交、整箱接用英文可以表示为 LCL/FCL。

五、案例分析题

1. 答：第一批货物按合同规定交货，属于履约行为；第二批货物超过装运期限，违反合同规定，未完成履约任务。

2. 答：买方在原因不明的情况下，可分别向船公司、卖方和保险公司提出异议和保留索赔权利。如果是卖方根本没有发货，则向卖方提出索赔；如果是卖方和船公司联合诈骗买方，则买方可通过法律途径，要求其赔偿损失；如果是船舶失踪，遇到海难，并且损失属于承保责任范围以内，则可以向保险公司索赔。

3. 答：银行的做法有理。根据《UCP600》的规定，保险单的出单日期不得晚于提单日期。本案中，提单的出单日期为 8 月 15 日，保险单的出单日期为 8 月 16 日，保险单的日期晚于提单日期，所以，银行拒付有理。

4. 答：银行有权拒付。根据《UCP600》的条款，当 L/C 金额或数量前加“约或大约”或类似措辞时，可理解为允许金额或数量有 10% 的增减。本案中，根据信用证规定，卖方交货可在 46 ~ 55 M/T 范围内，但支取金额不得超过 100 000 美元。商业发票的金额为 110 000 美元，超过了信用证规定的金额。

5. 答：按照国际惯例《UCP600》的相关规定，信用证经过修改后，银行即受该修改后的信用证的约束。出口商可自行决定修改内容或拒绝修改，但应发出是否同意修改的通知。在出口商告知其接受修改之前，原证对开证行继续有效，即原证的条款对出口商仍具有约束力。但如果出口商未发出接受或拒绝的通知，而其提交的单据与原证的条款相符，则视为出口商拒绝其修改；如果出口商提交的单据与经修改后的信用证条款相符，则视为出口商接受了其修改。从这时起，信用证就被视为已经修改。总之，出口商是否同意修改信用证可以在结汇提交单据时用行为来表示。在本案中，我方在收到有关信用证修改的通知后，并未发出接受或拒绝修改的通知，而且在交单时向银行提交了符合原信用证规定的单据，受益人以其行为作出拒绝信用证修改的表示，原信用证的条款对受益人仍然有效，信用证的修改因未获得受益人的同意而无效。因此，开证行审单后，以保险单与信用证修改书不符为由拒付是不合理的。

六、操作题

1. 经审核，信用证存在如下问题：

(1) 31D 信用证到期时间错，应该是 140815。

(2) 31D 信用证到期地点错，应该是 CHINA。

(3) 50 申请人名称、地址错，应该是 VALUE TRADING ENTERPRISE, LLC. RM1008 GREEN BUILDING KUWAIT。

(4) 59 受益人名称错，应该是 GUANGZHOU YIMEI INTERNATIONAL CORP. 。

(5) 32B 金额错，应该是 USD 75 500.00。

(6) 42C 汇票期限错，应该是 60 DAYS AFTER SIGHT。

(7) 42A 汇票付款人错，应该是开证银行。

(8) 43T 转运要求错，应该是 ALLOWED。

(9) 44E 装运港错，应该是 GUANGZHOU, CHINA。

(10) 44C 最晚装运日期错，应该是 140731。

(11) 45A 货物名称错，应该是 MEN'S WIND BREAKER。
(12) 45A 货物型号错，应该是 YM082。
(13) 45A 合同号码错，应该是 YM0806009。
(14) 45A 贸易术语错，应该是 CIF C 5 KUWAIT。
(15) 46A 第 2 条提单抬头错，应该是 MADE OUT TO ORDER。
(16) 46A 第 2 条提单运费显示错，应该是 FREIGHT PREPAID。
(17) 46A 第 5 条保单加成错，应该是 FOR 110% INVOICE VALUE。
(18) 71B 银行费用错，应该是 FOR ACCOUNT OF THE DRAWEE。

2. 问题回答如下：

(1) 该提单的发货人：China National Mine Import and Export Corp. Beijing, P. R. China;

收货人：to order;

通知人：Nissho Iwai Corporation No. 4 – 5 Akasaka 2 – Chome Minato-ku Tokyo, Japan。

(2) 提单上运费的支付方式：freight prepaid。

(3) 该提单属于指示提单。

3. 汇票、商业发票、海运提单及普惠制产地证缮制如下：

(1) 汇票

凭
Drawn under industrial bank of Japan, Ltd., head office

信用证 第 号
L/C No. LC196114800

日期 年 月 日
Dated Oct. 15, 2014

按 息 付 款
Payable with interest @ ______ % per annum

号码 汇票金额 中国 上海 年 月 日
No. FY 71001 Exchange for USD 12,630.00 Shanghai, China DEC. 05, 2014

见票 日后（本汇票之副本未付）付交
At * * * sight of this FIRST of Exchange (Second of Exchange being unpaid)

Pay to the order of BANK OF CHINA, SHANGHAI BRANCH 或其指定人

金额
the sum of SAY U. S. DOLLARS TWELVE THOUSAND SIX HUNDRED AND THIRTY ONLY

此致
To INDUSTRIAL BANK OF JAPAN, HEAD OFFICE

SHANGHAI FEIYANG CO., LTD.

×××

1

（2）商业发票

<table>
<tr><td colspan="2">Issuer：SHANGHAI FEIYANG CO.，LTD.
NO. 91 NANJING ROAD
SHANGHAI，CHINA</td><td colspan="3" rowspan="2">SHANGHAI FEIYANG CO.，LTD.
NO. 91 NANJING ROAD SHANGHAI，CHINA

COMMERCIAL INVOICE</td></tr>
<tr><td colspan="2" rowspan="2">To：ABC COMPANY
1－3 MACHIKU STREET
OSAKA，JAPAN</td></tr>
<tr><td>No. FY 71001</td><td colspan="2">Date：NOV. 10，2014</td></tr>
<tr><td colspan="2" rowspan="2">Transport details：
FROM SHANGHAI PORT TO OSAKA BY SEA</td><td colspan="3">S/C No. FY 14101</td></tr>
<tr><td colspan="3">Terms of payment：L/C AT SIGHT</td></tr>
<tr><td>Marks & Nos.</td><td>Description of goods</td><td>Quantity</td><td>Unit Price</td><td>Amount</td></tr>
<tr><td>ABC OSAKA
NOS. 1－60</td><td>CARDBOARD BOX
FY－256
FY－286</td><td>1 550 PCS
1 450 PCS</td><td>CIF OSAKA
USD 4. 50/PC
USD 3. 90/PC</td><td>USD 6,975. 00
USD 5,655. 00</td></tr>
<tr><td></td><td></td><td>3 000 PCS</td><td></td><td>USD 12,630. 00</td></tr>
<tr><td colspan="5">TOTAL：SAY U. S. DOLLARS TWELVE THOUSAND SIX HUNDRED AND THIRTY ONLY.

SHANGHAI FEIYANG CO.，LTD.
×××</td></tr>
</table>

（3）海运提单

Shipper Insert Name, Address and Phone
SHANGHAI FEIYANG CO.,LTD.
NO.91 NANJING ROAD SHANGHAI ,CHINA.

Consignee Insert Name, Address and Phone
TO ORDER

Notify Party Insert Name, Address and Phone
(It is agreed that no responsibility shall attach to the carrier or his agents for failure to notify)
ABC COMPANY
1-3 MACHI KU STREET OSAKA , JAPAN

Combined Transport * Pre-carriage by	Combined Transport * Place of Receipt
Ocean Vessel Voy. No. **KAOHSIUNG V.0707S**	Port of Loading **SHANGHAI PORT**
Port of Discharge **OSAKA**	Combined Transport * Place of Delivery

B/L No. **TH14HK14596**

中远集装箱运输有限公司
COSCO CONTAINER LINES

Port-to-Port or Combined Transport

BILL OF LADING

RECEIVED In external apparent good order and condition except as otherwise noted. The total number of packages or units stuffed in the container,the description of the goods and the weights shown in this Bill of Loading are furnished by the Merchants, and which the carrier has no reasonable means of checking and is not a part of this Bill of Loading contract. The carrier has issued the number of Bills of Lading stated below, all of this tenor and date,one of the original Bills of Lading must be surrendered and endorsed or signed against the delivery of the shipment and whereupon any other original Bills of Lading shall be void. The Merchants agree to be bound by the terms And conditions of this Bill of Lading as if each had personally signed this Bill of Lading.

SEE clause 4 on the back of this Bill of Lading （Terms continued on the back hereof, please read carefully）

*Applicable Only When Document Used as a Combined Transport Bill of Lading

Particulars Furnished by Merchants

Marks & Nos. Container / Seal No.	No. of Containers or Packages	Description of Goods(If Dangerous Goods, See Clause 20)	Gross Weight Kgs	Measurement
ABC **OSAKA** **NOS. 1-60** **C/N:SNBU7121820**	**60 CARTONS**	**CARDBOARD BOX** **CFS-CFS**	**2 160.00 KGS**	**33.000 CBM**

Description of Contents for Shipper's Use Only(Not Part of This B/L Contract)

Total Number Of Containers and/or Packages(In Words) **SAY SIXTY CARTONS ONLY**

Freight & Charges	Revenue Tons	Rate	Per	Prepaid	Collect

Ex Rate:	Prepaid at	Payable at **SHANGHAI PORT**	Place and date of Issue **SHANGHAI,NOV. 29,2014**
	Total Prepaid	No. of Original B(s)/L THREE	Signed for the carrier: COSCO CONTAINER LINES

LADEN ON BOARD THE VESSEL KAOHSIUNG V.0707S
DATE:NOV. 29,2014 BY COSCO CONTAINER LINES

CNS01 0108895

(4) 普惠制产地证

1. Goods consigned from (Exporter's full name and address, country) SHANGHAI FEIYANG CO., LTD. NO. 91 NANJING ROAD SHANGHAI, CHINA.	Reference No. GENERALIZED SYSTEM OF PREFERENCES CERTIFICATE OF ORIGIN (Combined declaration and certificate) FORM A Issued in THE PEOPLE'S REPUBLIC OF CHINA (Country) See Notes. Overleaf
2. Goods consigned to (Consignee's full name, address, country) ABC COMPANY 1 – 3 MACHI KU STREET OSAKA, JAPAN	
3. Means of transport and route (as far as known) FROM SHANGHAI PORT TO OSAKA BY SEA	4. For certifying authority use only

5. Item number	6. Marks and Numbers of Packages	7. Number and kind of packages; Description of goods	8. Origin Criterion (see Notes Overleaf)	9. Gross Weight Or other Quantity	10. Number And date of invoices
	ABC OSAKA NOS. 1 – 60	60 CARTONS (SIXTY CARTONS ONLY) CARDBOARD BOX * * * * * * * * * * * *	"P"	G. W: 2 160.00KGS	INV No.: FY 71001 DATED: NOV. 10, 2014

11. Certification It is hereby certified that the declaration by the exporter is correct. CIQ SHANGHAI NOV. 25, 2014 XXX Place and date, signature and stamp of Certifying authority	12. Declaration by the exporter The undersigned hereby declares that the above details and statements are correct, that all the goods were produced in CHINA and that they comply with the origin requirements specified for those goods in the generalized System of preferences for goods exported to JAPAN (importing country) SHANGHAI FEIYANG CO., LTD. SHANGHAI NOV. 25, 2014 XXX Place and date, Signature and stamp of Authorized signatory

参考文献

[1] 张玉卿．国际货物买卖统一法——联合国国际货物销售合同公约释义．北京：中国对外经济贸易出版社，1998.

[2] 黎孝先．国际贸易实务（第三版）．北京：对外经济贸易大学出版社，2000.

[3] 石玉川．国际贸易术语的解释与应用．北京：对外经济贸易大学出版社，2000.

[4] 韩经纶．国际贸易基础理论与实务（修订本）．天津：南开大学出版社，2001.

[5] 陈红蕾．国际贸易实务（修订本）．广州：暨南大学出版社，2001.

[6] 周厚才．国际贸易理论与实务．北京：中国财政经济出版社，2001.

[7] 杨良宜．提单及其付运单证．北京：中国政法大学出版社，2001.

[8] 顾民．外贸制单与结汇（第三版）．北京：对外经济贸易大学出版社，2001.

[9] 赵承璧．国际货物买卖合同．北京：对外经济贸易大学出版社，2001.

[10] 周树玲．外贸单证实务．北京：对外经济贸易大学出版社，2002.

[11] 邵铁民．进出口货物海关通关实务．上海：上海财经大学出版社，2002.

[12] 吴百福．国际货运风险与保险．北京：对外经济贸易大学出版社，2002.

[13] 赵承璧．进出口合同履行与违约救济．北京：对外经济贸易大学出版社，2002.

[14] 黎孝先．进出口合同条款与案例分析．北京：对外经济贸易大学出版社，2003.

[15] 陈哲．进出口业务案例解析．北京：对外经济贸易大学出版社，2004.

[16] 余世明．国际贸易实务练习题及分析解答．广州：暨南大学出版社，2004.

[17] 张立玉，何康民．国际贸易进出口实务．武汉：武汉大学出版社，2004.

[18] 陈岩，于永达．解析贸易术语．北京：清华大学出版社，2005.

[19] 陈岩，刘玲．跟单信用证实务．北京：对外经济贸易大学出版社，2005.

[20] 李元旭，吴国新．国际贸易单证实务．北京：清华大学出版社，2005.

[21] 赖瑾瑜．国际商务理论基础．广州：暨南大学出版社，2006.

[22] 吴百福，徐小薇．进出口贸易实务教程．上海：上海人民出版社，2007.

[23] 王善论．国际贸易实务解惑500题．北京：对外经济贸易大学出版社，2007.

[24] 阎之大．UCP600解读与例证．北京：中国商务出版社，2007.

[25] 黄进，宋连斌，徐前权．仲裁法学．北京：中国政法大学出版社，2007.

[26] 刘源海，吴勇．报关与报检实务．北京：高等教育出版社，2007.

[27] 刘立平．国际贸易——理论与政策．合肥：中国科学技术大学出版社，2007.

[28] 陈志红．国际贸易业务流程（第2版）．上海：华东师范大学出版社，2010.

[29] 全国国际商务单证专业培训考试办公室．国际商务单证理论与实务（2011年

版）. 北京：中国商务出版社，2011.

[30] 魏翠芬. 国际贸易实务教程. 北京：清华大学出版社，北京交通大学出版社，2011.

[31] 李小可. 国际贸易实务（第3版）. 上海：华东师范大学出版社，2012.